CB138413

COMUNIDADE E CULTURA

Blucher

COMUNIDADE E CULTURA

Organizadora

Maria Elisabeth Cimenti

Comunidade e cultura

Série Fepal: psicanálise latino-americana
Coordenadora científica Marina Massi

Publisher Edgard Blücher
Editor Eduardo Blücher
Coordenação editorial Rafael Fulanetti
Coordenação de produção Andressa Lira
Produção editorial Quirino Edições
Diagramação Joyce Gama Rosa
Colaboração Leo Mangiavacchi (designer – Fepal)
Capa Laércio Flenic
Arte da capa iStockphotos

Blucher

Rua Pedroso Alvarenga, 1245, 4º andar
04531-934 – São Paulo – SP – Brasil
Tel.: 55 11 3078-5366
contato@blucher.com.br
www.blucher.com.br

Segundo o Novo Acordo Ortográfico, conforme 6. ed. do *Vocabulário Ortográfico da Língua Portuguesa*, Academia Brasileira de Letras, julho de 2021.

Dados Internacionais de Catalogação na Publicação (CIP)
Angélica Ilacqua CRB-8/7057

Comunidade e cultura / coordenadora da comissão organizadora : Maria Elisabeth Cimenti. - São Paulo : Blucher, 2024.
264 p. (Série Fepal / coordenadora Marina Massi)

Bibliografia
ISBN 978-85-212-2284-2

1. Psicanálise I. Cimenti, Maria Elisabeth II. Série

24-3826 CDD 150.195

Índice para catálogo sistemático:
1. Psicanálise

Sobre a série

O projeto da Série Fepal é fruto de dois anos de trabalho como Coordenadora Científica da Fepal, durante a gestão 2022-2024, presidida por Wania Maria Coelho Ferreira Cidade.

A integração dos colegas e a produção latino-americana foram alguns dos marcos norteadores das atividades da equipe da Coordenação Científica. São pontos de encontro no *trabalho coletivo* que potencializa e abre horizontes para uma produção viva e criativa, capaz de enriquecer teoricamente, tecnicamente e clinicamente a Psicanálise.

No programa inicial da Coordenação Científica da Fepal (2022-2024), um dos objetivos principais era a função articuladora e agregadora entre as diversas áreas da Fepal, promovendo um diálogo permanente entre seus membros e entre os diversos projetos que vinham sendo realizados e os que se iniciaram em nossa gestão.

O objetivo era de integração, respeitando a criatividade, a diversidade e a autonomia, no âmbito interno das comissões de trabalho vinculadas com a Coordenação Científica: Comissão de Formação e Transmissão da Psicanálise, Comissão de Investigação, Comissão de

Casal e Família, Comissão de *Working Parties* e o Grupo de Estudos de Psicossomática.

Desse modo a Série Fepal nasce, para além das comissões da Coordenação Científica, da integração e da parceria com outras diretorias, e pretende ser um veículo de expressão e difusão dos trabalhos produzidos no âmbito da instituição Fepal.

Os cinco livros que dão início à Série Fepal vêm completos de história de trabalho e dedicação de muitos colegas psicanalistas implicados com uma compreensão mais profunda sobre as questões de desamparo, étnicas, sociais, de gênero e ambientais de nosso continente.

Compartilhamos da necessidade de, como psicanalistas, conhecer o mundo ao qual pertencemos para que possamos, de forma mais encarnada, colaborar com nossos pacientes, com os casais e famílias, com o trabalho em instituições, comunidades, grupos, e desenvolver a escuta analítica que é o nosso ofício e arte.

Meus profundos agradecimentos para todos que tornaram viável a realização deste projeto editorial.

Marina Massi
Coordenadora científica da Série Fepal

Conteúdo

Parte I A clínica analítica ampliada

Parte II A psicanálise no hospital

Abertura

1. Ruptura do vínculo social, transferência de responsabilidades

Maren Ulriksen de Viñar

Nos últimos anos após a ditadura, junto com a ascensão da globalização e do neoliberalismo em nossos países, no sul da América Latina, tem se confirmado de forma preocupante o aprofundamento e cronificação da exclusão e da desigualdade em amplos setores da população. Isso implica uma violência ligada à restrição, ao desaparecimento do "direito a ter direitos" (Arendt, 2006). A marginalização aumenta e se consolidam áreas de subcultura marginal que gera sua autorreprodução. A correlação de ambos, os processos de empobrecimento e os de segmentação e exclusão social, não é simples nem muito menos direta (Katzman, 1999). As instituições outrora "democráticas" do Estado restringem o investimento em políticas sociais, ampliando a faixa de empobrecimento para as camadas médias da população.

Analisaremos algumas situações de profundo mal-estar social e pessoal daqueles trabalhadores que exercem funções em instituições públicas de saúde e educação, sendo eles os que recebem diretamente em seu corpo e em seu psiquismo a violência da ruptura de vínculos sociais a que esses processos de empobrecimento e marginalização conduzem.

Chegar como psicanalista para trabalhar com esses setores da população, numa escola pública, ou numa policlínica de bairro, nos obriga a criar novos instrumentos para tentar compreender os sintomas de um sofrimento complexo e enigmático, ligado não apenas à falta de renda, mas também à incapacidade de desenvolver e utilizar todo o potencial das capacidades humanas. Este trabalho nos leva a redescobrir o papel central da pessoa humana, enquanto sujeito ativo, em qualquer proposta de desenvolvimento, postulado que implica um desafio humanitário enraizado na incontornável restituição tanto da democracia quanto dos princípios de universalidade dos direitos (Martín, 2000).

As profundas mutações desta época minaram o desenvolvimento das políticas sociais, deteriorando o sistema público universal de educação, proteção social e saúde pública.

Consequentemente, instala-se um processo de aculturação, de destruição da família numerosa, que, unido à perda dos suportes sociais comunitários tradicionais, implica uma ruptura social e cultural com o meio, e entre uma geração e outra; aumenta a vulnerabilidade do adulto responsável, principalmente da mãe (Aguirre, 1992).

As condições de desenvolvimento psicossocial e de subjetivação das crianças são distorcidas por falhas no ambiente próximo, as dificuldades se instalam precocemente, antes do ingresso à escola. Os problemas na adaptação das crianças às exigências escolares ultrapassam a precária capacidade da instituição pública para cumprir os seus objetivos de integração social, de formação e educação.

O conjunto do sistema de saúde também está em crise, revelando tanto o aumento da demanda no setor público quanto a deterioração do serviço, a má gestão, a corrupção e o empobrecimento salarial de funcionários e usuários.

Trabalhar na área da saúde e educação sempre nos coloca muito próximos das pessoas de quem nos ocupamos. Além da competência técnica, a própria pessoa é o instrumento fundamental de seu trabalho. O estilo e a qualidade humana da personalidade anterior, marcados pela formação profissional, organizam a capacidade de estabelecer vínculos próximos, calorosos, seguros e solidários com o público, mantendo uma postura ética, garantia de um apoio eficaz e de uma proximidade não intrusiva. A posição e o ato profissional são legitimados por sua relação com a lei e a instituição.

Esses funcionários, atores diretos que carregam a responsabilidade pelo cuidado e educação da população mais pobre e desamparada, encontram-se em uma situação de grande frustração e, portanto, vulnerabilidade, dada a impossibilidade psicológica e material de cumprir os objetivos de seu trabalho, em que em geral se investiu muito.

A escuta particular do sofrimento humano, e seus movimentos de transferência-contratransferência, permitem ao psicanalista se incluir no trabalho de campo com esses atores diretos, e observar e utilizar seus próprios movimentos psíquicos e os do grupo para pensar e buscar (criar), a partir da situação de campo, outros instrumentos conceituais que poderão ser postos à prova.

Abordaremos rapidamente duas questões:

Como pensar a relação entre profissionais e funcionários com aqueles que pedem acesso a certos direitos básicos, como o direito à saúde e à educação?

O mal-estar e o sofrimento dos professores da Escola Pública, vinculados ao fracasso, apesar das reformas em curso, da sua função educativa e formativa, e a constatação de sofrimento afetivo e cognitivo em crianças que vivem a reprodução social e transgeracional da desigualdade e da exclusão, num bairro pobre e marginal de Montevidéu.

O direito à educação e à saúde se enquadra no compromisso com a construção de uma sociedade democrática. Ficará apenas apresentada a questão sobre quais são os projetos e as estruturas educativas e de formação que pressupõem o desenvolvimento de condições que incidam numa recuperação e aprofundamento da democracia?

Encontros e desenvolvimentos no campo da saúde comunitária

Quando, na qualidade de docente da Faculdade de Medicina (experiência pessoal no programa Docente na Comunidade, Clínica de Psiquiatria Pediátrica, Faculdade de Medicina, Universidade da República, 1989-2002), trabalhamos na área de Saúde Mental Infantil nas policlínicas de bairro, rapidamente nos encontramos tomados por um profundo desalento, que conseguimos compreender como angústia pelo choque entre os objetivos pedagógicos de assistência integral e a realidade da saúde pública.

A estrutura das policlínicas de bairro é formada pelas pessoas que ali trabalham, pessoal abatido, mal remunerado, sem formação atualizada, com recursos materiais escassos e sobrecarregado pela demanda. O mal-estar profundo se manifestará em maus-tratos sutis ou abertos ao usuário, e o desgaste do compromisso e da satisfação no trabalho, produzindo sintomas psíquicos e físicos nos funcionários, e conflitos no seio da equipe. Em muitos lugares o usuário se retira, e a angústia e o desgosto pela falta de atenção se voltam para sua própria pessoa ou seu núcleo familiar, deixando uma necessidade insatisfeita mais uma vez arraigada nos mais desamparados, na forma de um sintoma enigmático, reclamação ou agressividade.

Em 1993 (Ulriksen, 1993), questionamos esse descontentamento, fortemente sentido por estudantes e professores que trabalhavam na comunidade. Surgiram diferenças na pertença cultural e social entre universitários, pessoal de saúde e da comunidade. Essas diferenças requerem um trabalho do universitário com sua própria subjetividade, para conseguir utilizar sua pessoa como principal instrumento de trabalho com a comunidade, e permitir o processamento da tensão que surge do confronto de diferentes códigos. Na criação de uma linguagem partilhada, de uma confiança e cultura comuns básicas, necessária para desenvolver um trabalho participativo, o polo de maior ignorância se situa no profissional, na ilusão da consistência dos seus saberes universitários. Ele terá que fazer uma dolorosa transição para enfrentar o desconhecimento que tem da comunidade e os limites de seu conhecimento nesse contexto. Cunhamos no termo "transferência de discurso" a modificação interna que permite se apropriar e compartilhar as experiências de desamparo e exclusão do outro – pobre, doente, demandante – da comunidade e, a partir dessa posição, transmitir num novo código conhecimentos que a comunidade pode fazer seus. Para o universitário, isso é modificação de linguagem e de postura de saber; é mudança de lugar, processo de desidentificação e tolerância ao desamparo pela perda do referencial conhecido, de seu saber e de sua prática profissional. Ele deve passar por um doloroso desajuste, um questionamento do conhecimento disponível e uma renúncia parcial ao poder de seu saber universitário.

É esse processo de reconhecimento, de identificação com o semelhante, funcionário e usuário ou paciente, o que permite partilhar as angústias, a confusão, a impotência e por que não a raiva, diante da indiferença e abandono do poder público para com o pessoal da saúde e da comunidade. É entre a comunidade e o funcionário que atua com violência esse abandono. Chamamos esse processo de "transferência de responsabilidades", violência silenciosa que se desloca enganosamente do poder político para o funcionário, que dará ou não uma resposta num corpo a corpo direto com o usuário.

Esses obstáculos "duros" no trabalho com a comunidade, em termos da dimensão subjetiva dos vínculos, é uma dimensão determinada não por pessoas isoladas, mas pela inserção de seu encontro num contexto institucional atravessado pelo encargo de um discurso contraditório e perverso que se origina no poder político.

É o reconhecimento da angústia e do desânimo vividos no próprio terreno de uma ação em política social que nos leva a formular os pontos de partida para uma tarefa de elucidação desse mal-estar.

A tarefa crítica de pensar o espanto e a indignação pode nos levar a processos de resistência e de criação. As dinâmicas em jogo nesses conflitos permitem formular a pergunta sobre a responsabilidade enquanto responsabilidade política.

O mal-estar na escola pública num contexto de pobreza crônica. Impossibilidade de garantir a "educação" das crianças

No âmbito do projeto APEX (Aprendizagem-Extensão) da Faculdade de Medicina, entre 1993 e 1996, me atribuíram a responsabilidade acadêmica e a coordenação de uma equipa interdisciplinar com o objetivo de estudar e dar respostas ao problema prioritário de saúde na zona do Cerro, os distúrbios comportamentais e as dificuldades e o fracasso na aprendizagem, que oscilavam, dependendo da área, entre 20 a 45% das crianças em idade escolar (Ulriksen, 1998).

Em 2001, 45% das crianças viviam em famílias pobres, reforçando o processo de "infantilização da pobreza". Uma análise qualitativa revela um perfil de criação que representa potencialmente um risco de malogro no desenvolvimento da criança: mãe deprimida (pai ausente), família sem apoio interno e/ou violência doméstica, e apoio social ineficaz (Terra et al., 1989; Bernardi et al., 1996). Observamos em nosso trabalho que essa situação opera como um mundo transbordante, acumulando experiências traumáticas na criança e em seu meio.

O alto índice de repetência e fracasso escolar e sua prevalência nas classes trabalhadoras são hoje um dos maiores problemas para da infância no Uruguai. A escola pública e a psiquiatria, ao nomear e marcar as crianças como portadoras de patologia, e em situação de "atraso" ou "fracasso" escolar, formalizam sua exclusão, omitindo a exploração de suas próprias deficiências e ignorando as qualidades dessas crianças e de seu ambiente. Para além da intenção consciente, ocorre uma operação de deslocamento e imposição da cultura dominante, cabendo à escola um papel contraditório com as atribuições da educação pública, ao perpetuar ou reforçar as desigualdades, e oficializá-las.

Essas práticas de linguagem e categorização parecem corresponder a uma sociedade que funciona como uma engrenagem perversa, ainda que se denomine democrática, por manter em seu seio amplos espaços para o exercício da violência contra outros humanos, onde proliferam exclusões, limitações, e falta de respeito pelos direitos humanos fundamentais. Esta engrenagem perversa captura os sujeitos e não deixa chance de troca de lugar (Freire-Costa, 1992). Se "priva o sujeito de seus enunciados próprios, sem os quais não pode ter uma imagem de seu próprio corpo nem do eu", se tornando o objeto do prazer sádico tanto do discurso quanto do olhar daquele que detém o poder. Uma denominação exclui e separa grupos ou categorias, tais como criança com fracasso escolar, menor infrator, delinquente juvenil, "criança de rua".

Hanna Arendt analisa a ideologia que coloca como fato, como dado imediato dos sentidos ou da consciência, a suposta realidade da divisão "natural" dos seres humanos, em pobres e ricos, negros e brancos, mais ou menos inteligentes, reprimindo ou negando o lugar dos interesses históricos e econômicos em jogo. Assim, o racismo, a segregação dos pobres, do menor infrator, fazem crer que a imagem do corpo ou da conduta, marcada pelos traços de seu sistema classificatório, está baseada na percepção de uma diferença natural, inocente de todo desejo. Mas sabemos que não há percepção pré-semiótica. Qualquer família natural de objetos que se ordenam de acordo com grupos discretos no espaço perceptivo é culturalmente arbitrária.

No trabalho de campo, em uma Escola Pública do Cerro, área de pobreza, miséria e marginalidade, pudemos investigar o profundo mal-estar na instituição escolar, as dificuldades do encontro de professores e crianças, e o sofrimento desses diferentes atores, as crianças, os professores e as famílias.

As crianças, segundo a visão de pais e professores, em percentual elevado, não alcançam um comprometimento satisfatório e prazeroso com a proposta escolar. Apesar de impressionar como crianças inteligentes e desejosas de frequentar a escola não aprendem, não respeitam regras, brigam violentamente ou permanecem isoladas, retraídas.

No estudo de 40 crianças do primeiro ano, observa-se que a maioria apresenta uma capacidade de raciocínio inteligente, mas esta capacidade não é utilizável devido a falhas ao nível da linguagem e de habilidades gnosopráxicas. Os piores resultados surgem em tarefas que exigem habilidades verbais (informação, compreensão e vocabulário) e ordenação sequencial, mostrando vulnerabilidade ao cansaço e à conservação da atenção. A sequencialidade e a temporalidade estão alteradas na grande maioria. Os estudos de linguagem indicaram uma baixa competência linguística, com dificuldades significativas na estruturação fonológica e na programação das palavras, distúrbios que têm um impacto significativo na aquisição da lectoescrita. Os resultados são significativamente baixos quando as crianças se deparam com uma situação de comunicação verbal com um interlocutor de um contexto linguístico diferente.

Os problemas de comportamento e agressividade destacados pelos professores estavam presentes em apenas um terço das crianças; no restante, em geral com "bom comportamento", era notória uma inibição acentuada, dificuldades na comunicação verbal e gestual, passividade e falta de reação de defesa contra ataques de outras crianças mais turbulentas.

As famílias participam muito pouco das atividades da escola, desconfiando do papel da educação formal, culpando a escola pelo fracasso de seus filhos. Nas oficinas e entrevistas, as mães se expressaram sobre as múltiplas carências, com destaque para as dificuldades de comunicação com os filhos, com o companheiro, com os vizinhos. Elas se sentiam sozinhas, vulneráveis e desamparadas. A desconfiança e o isolamento do vizinho marcam a vida no bairro.

Existem formas de violência com potencial destrutivo que ameaçam a própria possibilidade da vida psíquica, violências individuais – sexual e mortíferas –, ou coletiva – sociais, políticas e culturais –, que operam como circunstâncias não elaboráveis, como traumatismos psíquicos com efeitos duradouros. Entre elas, o incesto, o crime, o terror, os massacres políticos e ideológicos, a aculturação, a pobreza crônica e seus correlatos de marginalização, desamparo e exclusão atentam contra o corpo e a subjetividade, subvertendo valores, alterando profundamente a transmissão de mitos e das proibições, e invertem a relação às origens, desordenam, misturam, confundem a ordem das gerações e coagulam a possibilidade de elaboração da experiência íntima ao operar numa espécie de objetivação impensável (Ulriksen, 1989). São traumatismos que põem em xeque a capacidade de memorizar, imaginar e simbolizar, meios pelos quais cada um negocia sua pertença à sociedade e seu devir singular.

Os professores, na sua grande maioria mulheres, apresentavam frequentes interrupções do trabalho devido a doenças diversas e banais, em particular os mais jovens, chegando em alguns casos a situações semelhantes às descritas na "síndrome de Burnout" da equipe (Cherniss, 1980). Expressou-se um profundo sentimento de frustração, de impotência e raiva diante da dificuldade ou impossibilidade de desempenhar com eficiência seu papel de professora junto às crianças. Queixaram-se dos baixos salários, das más condições das instalações, da capacitação insuficiente e da falta de instrumental teórico-técnico para trabalhar com as dificuldades de aprendizagem e para lidar com a violência e os limites na escola, da falta de apoio técnico em saúde mental e assistência social, falta de tempo de reflexão para programar mudanças pedagógicas, para pensar e estudar, falta de interlocutores etc. As queixas por importantes carências vividas de forma muito intensa pelos professores nos levaram a ratificar a necessidade de um trabalho conjunto, e a delimitar muito claramente com eles os objetivos, o alcance e os limites de nossa intervenção na investigação-ação. A observação de nossa equipe na escola confirmou a dificuldade relacional cotidiana no confronto entre professoras e crianças. O mal-estar dos professores, com frequência descarregado sobre as crianças por meio de gritos e verbalizações violentas, incrementava o descomedimento e as brigas, impossibilitando a contenção, fazendo fracassar a figura da autoridade.

Nossa impressão era de que a escola estava mimetizada com o bairro, funcionando como famílias pobres, de forma descontrolada, violenta, autoritária e incoerente. A isso se somava o desânimo, o afastamento de alguns professores do compromisso afetivo com a tarefa e com as crianças, e o sentimento de impotência diante da repetição dessas situações. As oficinas conjuntas permitiram trabalhar parcialmente o descontentamento e a sensação de serem violentados pelas condições do contexto. Ao mesmo tempo em que, reafirmando seu compromisso com a educação das crianças, surge a dolorosa consciência de estar diante de uma tarefa titânica, e muitas vezes apenas paliativa da culpa nascida da impotência e do fracasso. Foi possível demonstrar com grande clareza como o deslocamento da responsabilidade política e econômica vai desarmar, violentar de forma intrusiva aquele lugar particular e básico para a criança como é o encontro na sala de aula com seu professor e seus pares.

Através desta rápida análise, aparecem os atores presos no contexto mais amplo da pobreza, marcando as relações da vida cotidiana com experiências ameaçadoras intoleráveis, de insegurança, desconfiança e privações múltiplas.

Linguagem, fundamento do humano

Em 1998, foi realizada no Uruguai uma importante investigação sociolinguística (Mara et al., 1997) com 500 crianças de 4 anos de idade, matriculadas em escolas ou jardins de infância públicos urbanos de todo o país, provenientes de diferentes estratos sociais e áreas geográficas, constituindo uma análise aprofundada do complexo tema da aquisição da linguagem. Diferentes indicadores foram investigados em crianças, relacionando aspectos cognitivos e linguísticos, e sua distribuição em relação a fatores de risco social.

O desenvolvimento das competências linguísticas e de comunicação das crianças de 4 anos apresenta diferenças significativas associadas aos níveis de pobreza, constituindo um fator de alto risco, tanto no aspecto estrutural, como nos usos que a criança faz da linguagem. Essa forte associação entre situação de risco social e desenvolvimento da linguagem evidencia a dificuldade para interromper a reprodução da pobreza.

As habilidades comunicativas da criança, as habilidades linguísticas e a qualidade do diálogo estão fortemente influenciadas pela qualidade do vínculo e pela disponibilidade da mãe, determinantes dos processos verbais infantis. Tanto a linguagem oral quanto a escrita são aspectos de um mesmo processo de organização cognitiva e linguística.

Essas fragilidades nos aspectos linguísticos estruturais e nas habilidades de comunicação seriam fatores determinantes de desigualdade na aprendizagem e nas possibilidades socioculturais dessas crianças. Levar em conta as diferenças sociais, culturais, cognitivas e linguísticas das crianças significa oferecer programas educativos que permitam diminuir a brecha cultural dos diferentes grupos de população, a fim de atingir níveis de aprendizagem que aproximem a possibilidade de igualdade de oportunidades futuras.

É a partir das histórias como forma de pensamento que se constrói uma perspectiva do mundo e se expressa uma cultura.

As crianças, vítimas da miséria, da discriminação e da guerra, em que condições podem recuperar a capacidade de viver? É possível induzir por meio da educação na escola uma reversão do impacto desses traumatismos?

O homem, a hominização, ocorre dentro de uma cultura ancorada numa linguagem compartilhada por uma comunidade, que confere uma simbologia, um significado mantido e transmitido de geração em geração, perpetuando a identidade do grupo necessária para a construção subjetiva.

A significação está na base de um intercâmbio cultural e da produção de ferramentas simbólicas ou materiais. No seio de uma cultura, de uma comunidade, coexistem várias interpretações do mundo; o que se transmite está relacionado, em particular, a discursos institucionais ligados ao poder e frequentemente expressos como crenças canônicas da cultura. O papel da Escola Pública é permitir uma ampla interação entre várias interpretações do mundo, uma pluralidade de vozes sustentada no questionamento dos valores estabelecidos.

Os limites do conhecimento que o homem pode adquirir de si mesmo e do significado de seu lugar no mundo estão ligados a formas próprias de conhecer, de pensar, de sentir e de perceber. A continuidade da vida psíquica se organiza na ressignificação do já vivido.

Os limites – restrições – à capacidade de interpretar aparecem vinculados à representação do "tempo" como continuidade homogênea e à construção da noção de espaço, a partir da experiência fundadora de apropriação e construção da imagem de si mesmo pelos cuidados fornecidos pelo outro (materno), condição para inaugurar uma experiência de continuidade, confiável, durável, benevolente, que revela a importância da ontogenia no desenvolvimento e na aquisição das funções próprias do humano.

Essas categorias fundamentais do pensamento humano – de tempo, de espaço e de causalidade – são construídas por meio de um sistema de notação compartilhado, fundamentalmente a linguagem. O limite do pensamento é imposto pela linguagem de que dispomos. A consciência linguística através da externalização, da descontextualização e do desenvolvimento da capacidade semiótica permite reduzir as limitações de qualquer sistema simbólico.

A educação deveria equipar equitativamente as crianças de sistemas simbólicos indispensáveis para ir além dos limites do que está estabelecido, além do que é transmitido de geração em geração. A expansão da consciência linguística permite o desenvolvimento de um pensamento sobre o pensamento. A plena aquisição da linguagem é uma das condições necessárias para a construção de uma identidade dentro de uma cultura.

A equidade na distribuição dos bens culturais é um atributo da democracia; uma das divisões mais injustas é a distribuição da linguagem nas diferentes classes sociais. As condições de desacordo ("mésentente") (Rancière, 1995) são estabelecidas desde o início por uma situação de palavra. Essa violência da pobreza, enquanto atentado à distribuição da linguagem, vai levar ao fracasso os propósitos civilizadores da escola pública.

A queda do Estado-Nação arrasta consigo um pilar da identidade coletiva, desarticulando e rasgando a rede de práticas que sustentam o vínculo social e a produção da figura do cidadão. O novo Estado Técnico-Administrativo induz uma transformação das mentalidades para uma nova identidade a partir de uma nova memória mediática e de uma modificação do sentido da palavra. Essa transformação instala uma nova forma de relação social, que não se dá mais entre cidadãos, mas entre espectadores, consumidores desse novo discurso. A figura do consumidor abandona o espaço político, espaço do intercâmbio de representação e de palavra, outrora ocupado pelo cidadão

(Lewkowicz et al., 1997), através de uma retração da sua inscrição no espaço público.

Quebra do vínculo social no seio da ação social, educativa e de saúde

As mutações econômicas e culturais que o mundo globalizado introduz em nossas sociedades arrastam para uma crise, chamada de mutação "civilizatória" quando só levamos em conta os efeitos do progresso tecnológico, mas que da posição da maioria empobrecida pode ser designada como quebra do vínculo social. As suas vítimas são os desempregados, os "novos pobres", os marginalizados, as crianças e jovens que abandonam os estabelecimentos de ensino, as mulheres sozinhas com filhos, os velhos, os imigrantes ilegais, ou seja, todos aqueles que vivem em situação de grande pobreza e precariedade material, com seu correlato psíquico de desamparo afetivo, que além do mais se desloca para uma perda de referenciais sociais, psíquicos e simbólicos.

Um pensamento científico sobre essas exclusões depende da articulação simbólica do espaço antropológico, social e jurídico, a fim de integrar as determinações históricas atuais, o efeito da mundialização e da globalização da economia.

A demanda provocada pelo sofrimento desses crescentes grupos populacionais ultrapassa as já fraturadas e restritas formas tradicionais de assistência social, educacional e de saúde. Esse sofrimento, proveniente da emergência de uma carência crônica da realidade material e social, dificilmente se expressa ao nível da linguagem. Em troca, se manifesta em atos, através de comportamentos "inadaptados", sejam eles violentos ou antissociais, seja pelo afastamento da realidade e instalação de uma atitude passiva, sinal do colapso das capacidades adaptativas da pessoa. É o caso, por exemplo, do aumento de atestados médicos e da perda de dias de trabalho por problemas na coluna, dores lombares e depressão em professores e profissionais de saúde. Nas crianças com dificuldades ou fracassos escolares, se observam com mais frequência sintomas de inquietação, dificuldade de atenção, agressividade ou desinteresse, apatia e absentismo escolar.

A exclusão

No centro desse sofrimento está a experiência da exclusão, que é antes de mais nada uma desarticulação do vínculo social, onde o sujeito é objeto de uma clivagem, de uma negação de seus direitos e uma renegação de sua condição humana. Como ocorre nos casos das vítimas de tortura e perseguição política, a possibilidade de reparação do trauma induzido por esse tratamento desumano começa com o reconhecimento da legitimidade de seu sofrimento, o que reintroduz o indivíduo na rede da linguagem, dando-lhe um lugar enquanto sujeito social (Viñar, 1989).

Maisondieu (1997) afirma que "o dano psíquico da exclusão que desqualifica e mata vínculos" induz uma catástrofe psíquica que priva a sua vítima daquilo que a torna homem, ou seja, a ordem simbólica, o sentimento de existir entre os outros, a autoestima e a estima dos outros.

A história subjetivada de um indivíduo, que o funda enquanto pessoa, que lhe dá sua identidade e sua singularidade, permite construir uma dupla pertença: ser semelhante e ser diferente.

O deslocamento forçado de amplos setores da população, o empobrecimento e a perda de lugar na sua classe social, constituem uma agressão que, para além da destruição de um indivíduo, de um grupo ou de um povo, desarticula a pertença ao humano. Uma das maiores pragas de nossa civilização são esses movimentos massivos de migração e fuga do território de origem. O migrante, em sentido amplo, se torna um desarraigado, sem raízes, pois perdeu seu território psíquico e sua identidade histórica singular. Essa destituição de referências conhecidas, familiares, está na origem de uma profunda distorção do sentido, de uma confusão, pela vivência da não-existência, do não-ser.

A impossibilidade de resposta dos serviços sociais às necessidades dos usuários leva o poder político a montar uma operação perversa através da qual se desprende de sua responsabilidade e de princípios solidários, sem o confessar, silenciosamente (Ulriksen, 1994). Por ato de omissão, de restrição de recursos, o poder político-administrativo abandona também o funcionário, o professor, a enfermeira, o médico, que fracassam como pessoas e como cidadãos, ao se depararem com a negação violenta de um direito ao não atender a demanda do outro-usuário em situação de desamparo. Ocorre uma dupla exclusão: uma aberta e visível, aquela de quem demanda; e outra silenciosa, dissimulada e hipócrita, aquela do funcionário, do pessoal da saúde e da educação.

Que ambiente, que enquadramento, para qual encontro?

Ao analisar as relações que se estabelecem entre aqueles que, inseridos num sistema administrativo ou de saúde, detêm um certo poder, e as diversas categorias de pobres, excluídos, desempregados, deslocados, para além do discurso político e da ação social, é necessário olhar de perto o ambiente em que se dá o encontro entre essas duas categorias de pessoas. Um, o cidadão, ocupa um lugar de poder de decisão sobre a vida de outro marginal, sem trabalho, sem recursos, sem casa, que ocupa um não-lugar, ficando fora do sistema de reciprocidade que assegura o vínculo social em uma democracia. Um estado – desempregado, doente, psicótico, por exemplo – se torna uma qualidade negativa do ser, tornando-se antissocial devido ao seu desamparo.

Nessas condições não há possibilidade de encontro. A oferta subjetiva mais importante no acolhimento que a sociedade pode dar aos mais desamparados é o reconhecimento da alteridade e da humanidade que inaugura o liame social indispensável para a convivência.

É esse reconhecimento que frequentemente falha. Pelo contrário, o discurso oficial endossa a responsabilidade de certos sintomas de decomposição social como a violência, em particular a juvenil, a insegurança, a presença de "meninos de rua", os próprios excluídos, reforçando a divisão binária da sociedade e o discurso "securitário". Esse discurso de poder mascara a profundidade da crise econômica, em benefício do grande capital multinacional, e seus efeitos de aumento do desemprego, ausência de futuro para os jovens, renúncia a políticas sociais consistentes, deslocando a origem da violência na "vida privada" da família à sua falta de responsabilidade e desinteresse pela educação etc. Essa "psicologização" que se apresenta na televisão constitui o pano de fundo, sobre o qual surge a temível figura do menor delinquente, impede um debate sobre as origens das desigualdades, da pobreza e da exclusão social. Todos os nossos países recebem milhões em empréstimos para controlar a "segurança cidadã", às vezes maiores do que os destinados, por exemplo, à educação pública. Recentemente, no Uruguai, por causa dos motins e destruição, por parte dos presos, da tristemente célebre "Penal de Libertad",[1] o empréstimo (em dólares) concedido para a formação de recursos humanos para o trabalho social e educacional com jovens marginalizados foi "desviado" para a construção de uma moderna prisão de segurança máxima.

Violência de prática educacional, médica, social

No seio dessas práticas, não podemos pensar o encontro entre as pessoas, enquanto sujeitos individuais, mas num tipo de encontro determinado pelas coordenadas do ambiente, onde se instala uma dialética senhor-escravo de inclusão-exclusão, ao invés de um

---

1 "Penal de Libertad" é o nome popular, por se encontrar próximo à cidade Libertad, do Establecimiento Militar de Reclusión Nº 1 (EMR1), usado para torturar presos políticos durante a ditadura civil-militar (1973-1955). (N.T.)

sistema de reciprocidade. A palavra é condicionada pela assimetria radical desse encontro.

Ferenczi (1933) estudou a confusão de língua entre adultos e crianças, apontando que o adulto persuasivo, autoritário e violento ocupa esse lugar porque tem um poder que o outro não tem.

Quando um homem, um ser humano, escuta, questiona alguém que está fora do humano, alguém que vai morrer, um torturado por exemplo (Viñar et al., 1989), alguém golpeado pelos acontecimentos da história, os lugares que a palavra institui são tão distorcidos que são incompatíveis com o diálogo. O discurso de poder de um esmaga e desautoriza a palavra do outro (Viñar, 1978).

Aulagnier (1988, p. 260) apontou que "a forma mais pura de violência, a mais exemplar, seria a alienação do pensamento de um sujeito no desejo único, em face do poder único que este lhe impõe", situação binária em que o entre-dois está perdido, e o outro anulado, por uma lei não enunciada que exclui radicalmente a alteridade, a diferença e a plurivocidade. Toda violência psíquica busca o mesmo objetivo: subjugar o pensamento do outro a tal ponto que lhe seja impossível tomar consciência de seu estado de submissão. O conceito de violência, nessa perspectiva, é indissociável do de alienação (Viñar, 1989; Ulriksen, 1995).

Quando a palavra é sequestrada pelo outro, aquele que detém o poder, é impossível ser pronunciada por aquele que é excluído como interlocutor. Ao excluído só resta o grito ou o ato que denuncia a falta de sentido, ou a retaliação da violência pelo ataque, expressando a experiência paranoide desencadeada pela exclusão e pela imposição de submissão.

No encontro entre o funcionário e o outro, excluído, marginal, este sabe que corre o risco de rejeição, de expulsão do sistema, mas, no cara a cara do encontro, o sistema e seu discurso se tornaram invisíveis, e a densidade da sanção aparece como responsabilidade do funcionário. Instala-se uma lógica onde o poder de um pode invalidar o outro como sujeito.

Impossibilidade de recepção, falência do papel profissional

O desafio para o excluído social é encontrar um lugar de acolhimento num novo território social, um lugar digno de existência e não apenas de sobrevivência. Esse habitat receptivo pode lhe permitir "abrir um tempo e um espaço destinados a um processo de reapropriação psíquica de um novo território" (Lent, 1998). É a partir dessa recriação pessoal ancorada no novo vínculo social que o sujeito poderá construir um projeto de futuro.

Para que o trabalho assistencial e educativo com esses grupos sociais tenha um sentido positivo, é indispensável que o trabalhador social, da saúde ou da educação se considere capaz de representar um lugar de referência estável para o sujeito singular que perdeu, pelo processo de exclusão, seus lugares de pertença. Esse aspecto eminentemente humanitário, base de todo trabalho assistencial e educacional, é alcançado pela mobilização das melhores capacidades junto com o desenvolvimento de potencialidades psíquicas e técnicas dos profissionais da área social, que por sua vez precisam ser apoiados, estimulados e capacitados.

Mas, apesar do apoio que possam receber, a maioria dos funcionários do campo social que trabalha com os excluídos vive a fratura de sua identidade profissional, dividida entre o desafio ético da ação humanitária e as exigências silenciosas, mas ativas, de uma política que não lhe permite representar uma referência estável, e indispensável para o correto desempenho de seu trabalho.

Comunicação e linguagem

É a sociedade que pode ou não satisfazer a necessidade fundamental do psiquismo, a necessidade de sentido. É o sentido que permite a construção do ser socializado. Como aponta Castoriadis (1999, p. 183), a instituição social, como doadora de sentido, comporta múltiplas dimensões. Uma delas é a linguagem, que não é um "instrumento de comunicação", mas sim um complexo dentro do qual se estabelecem "objetos", "processos", "estados", "qualidades" e vários tipos de lugares e relações entre eles.

É a linguagem que permite enunciar, em parte, a investidura – indispensável para a construção da identidade – que o homem faz da instituição social e de seus significados, entre os quais estão a lei, o cidadão, o Estado, a justiça, mercadoria etc.

É a identidade do excluído, do marginalizado, dos "sem-teto", dos "meninos de rua", que é arruinada pela perda de seus referenciais institucionais de origem. O desafio para a reconstrução da identidade, portanto, da subjetividade, está na renúncia de encontrar os mesmos significados no novo lugar de recepção social, bem como na possibilidade de investir-se e participar. Essa mudança, esse enorme trabalho subjetivo se apoia amplamente tanto na qualidade e na não ambiguidade da recepção que abre um espaço para a alteridade radical do excluído no seio da sociedade, quanto na possibilidade que a linguagem tem como recurso de apropriação de um lugar social e de investidura das instituições.

As "razões" do sistema e a amplitude do problema permitem reparar apenas uma parte do mal. A limitação do humano, no caso do funcionário, é que ele não pode resolver o problema a partir de seu lugar, nem responder à pergunta que lhe é feita. Suas capacidades subjetivas de recepção e de ação se veem sobrecarregadas, produzindo um efeito de rejeição defensiva, de impossibilidade de empatia e, consequentemente, um colapso da possibilidade de linguagem.

Referências

Aguirre, R. (1992). *Género, familia e infancia: Seminario Las familias, las mujeres y los niños.* IIED-AL y CIEDUR.

Arendt, H. (2006). *Los orígenes del totalitarismo.* Alianza Editorial.

Aulagnier, P. (1988). *Intervention. Le psychanalyste sous la terreur.* (H. O'Dwyer de Macedo, comp.). Matrice.

Bernardi, R., Schwartzmann, L. y otros. (1996). *Cuidando el potencial del futuro. El desarrollo de niños preescolares en familias pobres del Uruguay.* Depto de Psicología Médica, Facultad de Medicina, Universidad de la República.

Castoriadis, C. (1999). *Figuras de lo pensable.* Cátedra.

Cherniss, C. (1980). *Staff burnout: job stress in the human services.* Sage Publications Inc.

Diarmuid, M. (2000). *Capacidades Humanas y Capital Social. La gente: el principal recurso de una economía moderna. Nuevas aproximaciones al concepto de desarrollo. Desde la economía, la sociedad y la ética.* (Celia Barbato, coord.). Trilce.

Ferenczi, S. (1933). Confusion de langue entre les adultes et l'enfant. Le langage de la tendresse et de la pasión, *La Psychanalyse*, Nº 6.

Freire-Costa, J. (1992). Du désarroi narcissique au désespoir. Incidences de la désagrégation sociale sur l'économie psychique. *Psychanalystes, Violence et subjectivation*, Nº 45.

Katzman, R. y otros. (1999). *Activos y estructuras de oportunidades. Estudios sobre las raíces de la vulnerabilidad social en el Uruguay.* CEPAL y PNUD.

Lent, C. F. (1998). *Transculturación y subjetividad. La mutación psíquica. ¿Semejante o enemigo? Entre la tolerancia y la exclusión.* (Marcelo Viñar, comp.). Trilce.

Lewkowicz, I.; & Busola, D. (1997). *Historia sin memoria o las nuevas funciones del discurso histórico. Lo interdisciplinario: Memoria, Historia, Narrativa*. ADEP.

Maisondieu, J. (1997). *Entre exclusion du malade et mal-être de l'exclu: la souffrance du sujet dans son alterité. Les soins psychiques confrontés aux ruptures du lien social, dirección de Marcel Sassolas*. Erès.

Mara, S., Mara , G., Gutierrez , R.; & Gonzalez , M. (1999). *Estudio del lenguaje de los niños de 4 años en el Uruguay*. ANEPBIRF.

Rancière, J. (1995). *La mésentente*. Galilée.

Terra, J. P. y otros. (1989). *Creciendo en condiciones de riesgo. Niños pobres del Uruguay*. UNICEF-CLAEH.

Ulriksen, M. (1988). La violencia social en la escuela. Algunos efectos traumáticos en la mente de los niños en un contexto de pobreza crónica. *Revista Uruguaya de Psicoanálisis* 1998; 88: 131-152.

Ulriksen, M. (1989). La transmission de l'horreur. In J. Puget, R. Kaës et als. *Violence d'Ëtat et psychanalyse*. Dunod.

Ulriksen, M. (1993). Acerca del encuentro Universidad-Comunidad. *Temas de Psicoanálisis,* Nº 19.

Ulriksen, M. (1994). Le transfert de responsabilité: une violence silencieuse. In M-C. Caloz-Tschopp, A. Clevenot, M. P. Tschopp & Groupe de Genève "Violence et Droit d'Asile en Europe". *Asile-Violence-Exclusion en Europe. Histoire, analyse, prospective. Cahiers de la Section des sciences de l'éducation: Pratiques et théorie*. Section des sciences de l'éducation de l'Université de Genève.

Ulriksen, M. (1995). Children Affected by Organized Violence in South America. *Children – War and Persecution*. Unicef.

Ulriksen, M. (1989-2002). Experiencia personal en el Programa Docente en la Comunidad, Clínica de Psiquiatría Pediátrica, Facultad de Medicina, Universidad de la República (1989 a 2002).

Viñar, M. & M. (1989). *Exil et torture*. Denoël.

Comentário por María Cristina Fulco

Começar a abertura deste livro com o texto da Dra. Maren Ulriksen de Viñar, "Rompimento do vínculo social, transferência de responsabilidades", confronta-nos com o desdobramento de uma ampla gama de temas, como a exclusão, a migração, o racismo, a infantilização da pobreza, mantêm a sua total relevância nesses tempos de mutação civilizacional que vivemos neste e em meados do século XXI. Médica, psiquiatra infantil e psicanalista, Maren nos aproxima de conhecer a extensa e produtiva trajetória de alguém que foi pioneiro em abrir as portas de sua instituição, a APU, para levar a psicanálise à Comunidade, à Universidade e à Cultura, bem como como sua inserção e trabalho sustentado ao longo dos anos, nas políticas públicas, tanto no Uruguai como na região latino-americana.

A sua capacidade de dialogar a psicanálise com as mais diversas disciplinas reflete-se na sua prolífica produção, tanto a nível da nossa disciplina como a nível social, dando prova do seu compromisso como cidadã da polis, não só na nossa região, mas também durante os longos anos do seu exílio em França, nos tempos sombrios das nossas ditaduras latino-americanas.

Membro titular da APU em funções didáticas, analista de analistas, membro da Cátedra de Psiquiatria Infantil da Universidade da República, o seu pensamento permite-nos conhecer uma vida comprometida com os acontecimentos da época. Muitos de seus textos nos falam sobre o lugar do psicanalista na comunidade, trazendo-nos reflexões sobre sua experiência em longos anos de atuação em creches para crianças psicóticas. Como exemplo podemos citar "Ansiedade de alienação em grupos terapêuticos infantis", "Comportamento antissocial em crianças, o roubo como ação frequente". Suas contribuições, ao enfatizarem o lugar do psicanalista na comunidade, enriqueceram e continuam enriquecendo pela sua relevância a reflexão psicanalítica, o que também se reflete na obra: "Notas sobre uma tarefa sem divã", texto que permanece completamente atual nestes tempos de mudança e ruptura do vínculo social que tivemos que atravessar.

O seu compromisso com a Universidade e a Sociedade reflete-se em textos como: "Sobre o Encontro Universidade-Comunidade", "Crise social e situação analítica" Dos tempos difíceis das ditaduras: "Inscrição transgeracional do trauma da violência política", A transmissão do horror", "Trabalhando o esquecimento"; "Um grupo de psicoterapia analítica para crianças nos anos de ascensão do fascismo no Uruguai", "Notas para pensar o terror de Estado e seus efeitos na subjetividade".

O livro republicado: "Fraturas da memória: Crônicas para uma memória por vir" (1992) em coautoria com Marcelo Viñar, "Exil et tortura" (1989), nos fala sobre o espaço político como espaço de representação e discurso.

Maren comenta: "Participar durante os anos 1995-96 do Anteprojeto do Código da Criança e do Adolescente, de acordo com o marco conceitual estabelecido pela Convenção sobre os Direitos da Criança (CDC), aprovada pelas Nações Unidas em 1989, nos levou a refletir sobre o posicionamento da psicanálise e do psicanalista diante de um postulado básico: o conceito de "criança – sujeito de direitos. A Convenção sobre os Direitos da Criança organiza o universo da vida em sociedade, tanto pública como privada, numa nova semiótica" (RUP, 100).

Este projeto foi apresentado ao parlamento uruguaio em outubro de 1996 e aprovado pela câmara dos deputados e, posteriormente, pela câmara dos senadores em 2001.

Essas são algumas das múltiplas referências que dão conta da trajetória de vida de Maren Ulriksen de Viñar, que podemos dizer que foi, e continua a ser, uma referência não só para a psicanálise, mas também para a nossa cultura.

2. O enigma do trauma extremo: notas sobre trauma e exclusão. Seu impacto na subjetividade

Marcelo N. Viñar

A noção de trauma adquiriu tamanha extensão e amplitude, tanto na diversidade das suas causas como na magnitude ou intensidade de seus efeitos, que se torna necessário reconhecer a sua heterogeneidade, para lhe devolver precisão e evitar que se torne um curinga que transforma o problema a ser pensado numa Torre de Babel.

Sabe-se que seu uso na medicina não é o mesmo que na psicanálise. Enquanto na medicina se trata de reparar os danos atuais e tudo gira em torno da adequação ou proporcionalidade entre causas e efeitos, em nosso ofício a ação *après coup* e a ressignificação – costuma-se dizer a ressimbolização do trauma – configuram o cerne do problema; quer dizer, é um reparo ou uma cicatrização de longo prazo, que afeta até a transmissão entre gerações.

O tema da sedução original e do choque sexual primário (cuja conceituação ocupou Freud por muito tempo e seus sucessores até o presente), tem uma relação distante com o horror dos campos de concentração, do genocídio e da tortura, que foi e continua a ser uma obsessão da atualidade. Nem o trauma, que se processa na intimidade do incesto, tem as mesmas coordenadas de análise que aquele que se desenvolve na esfera pública e massiva da violência política; o que é produto de catástrofes naturais e o que é resultado de ações humanas iníquas (cruéis) concebidas de forma lúcida e metódica. O tema é, portanto, de uma vastidão que obriga a fragmentá-lo em capítulos ou tópicos abrangentes, para uma abordagem que possa assumir uma certa congruência.

***

Proponho abordar os efeitos imediatos do trauma extremo e conjecturar sobre seus efeitos a longo prazo, no que diz respeito à violência política (tortura e desaparecimento, guerra e genocídio), e também ao genocídio frio da marginalização e exclusão que caracteriza a organização produtiva e social em vários países da América Latina, talvez como relíquia atual daquela mentalidade colonial tingida de uma suposta superioridade étnica dos brancos de origem europeia, em comparação com a população nativa.

***

Para começar, e com o devido respeito e reconhecimento às instituições convocadoras e sem querer centrar o problema numa disputa de nominações, numa guerra nominalista, necessito expressar minha discrepância com as noções de Neurose Traumática, P.T.S.S. (Post Traumatic Stress Syndrome) e de Resiliência. As primeiras medicalizaram o problema e promoveram uma taxonomia de sintomas e síndromes que, ao enfatizar os efeitos sobre o corpo lesado, sublinham o acessório e desviam a atenção do essencial: este é o efeito devastador sobre a estrutura psíquica da pessoa afetada e de seu ambiente, na atualidade candente e ao longo da transmissão intergeracional.

A noção mais recente de *Resiliência* é inspirada na física. Por exemplo, mede-se a capacidade de um elástico ou de uma mola, após serem submetidos a condições extremas, de perder ou recuperar as suas condições originais de textura e resistência. É extrapolada deste fato a capacidade de regeneração psíquica após condições extremas de violência. Esta noção tem a virtude de combater a inclinação vitimológica do dano e denunciar o benefício secundário dos sintomas. Pretende abrir um resultado criativo em vez da deficiência que normalmente é atribuída à sequela, mas comporta uma vocação normalizadora que nos parece errônea e até prejudicial.

Seria absurdo ficarmos paralisados numa guerra de nomes. Trata-se de resistir à medicalização do problema e contribuir para a ficção de uma sociedade de afetados e de indenes. Tentamos nos posicionar de outro modo, com outra lógica. A divergência no posicionamento inicial é radical e tem pesadas consequências nos objetivos de um processo terapêutico e na ênfase dos itinerários a seguir. Pensar em termos de neurose traumática não é o mesmo que em termos de marca e inscrição, e isto obviamente tem consequências nos desenvolvimentos e na compreensão que daí derivamos.

De modo que a querela não é terminológica, mas doutrinária. Um posicionamento enfatiza o dano, a cicatrização ou a indenidade do corpo e da alma (do soma e do aparato psíquico). Sua vocação é se inscrever no discurso médico ou psicopatológico. Nosso posicionamento enfatiza a inscrição na cultura e na história. A mudança terminológica também aponta para uma mudança de valoração, para não considerá-la univocamente como despojo ou infâmia, mas como violência capaz de reverter sua dimensão nociva e nutrir um destino de criatividade.[1]

---

1 É difícil precisar – com risco de omissões – a lista de autores que nos ajudaram a compreender que essa distinção entre medicalização e inscrição na cultura é divórcio de águas que leva a sequencias e itinerários diferentes. Tanto colegas como autores da literatura sobre campos de concentração, europeus e latino-americanos. Mas falando em Paris, não posso deixar de dar relevo e testemunho de reconhecimento aos trabalhos de Janine Altounian.

***

Pensamos que o efeito de normalização buscado pela resiliência, assim como a ação catártica ab-reativa com que trabalha o modelo P.T.S.S., evitam uma dimensão essencial do problema. É verdade que a catarse, como recriação do momento traumático, não é apenas uma repetição alucinatória, mas o testemunho (um ser humano que ajuda e coparticipa) é algo novo e inédito. Mas alcançar esse espaço relacional íntimo é um ponto de partida, não de culminação. As testemunhas – no singular e no plural – são decisivas. Para que o Narrador assuma a transmissão da sua experiência. Não há narrador sem ouvinte, nem humanidade sem narração. Somos feitos de palavras tanto quanto de carne. É nesse espaço íntimo onde se geram a produção de psiquismo, linhas e itinerários onde se constroem amores e solidões.

Mas as figuras do mal (tortura, desaparecimento, guerra, genocídio) não geram experiência nem ensino, mas sim vazio representacional. A experiência catastrófica é um buraco na continuidade representacional inerente à vida psíquica. O horror e a dor extrema não geram experiência, mas sim espanto, não geram representações e relato, mas sim vazio representacional, e consequentemente o que aconteceu é difícil de transmitir e compartilhar. A palavra catártica se torna robotizada e configura uma paródia, um simulacro do seu valor de troca entre humanos. Não há processo (de internalização-subjetivação) da experiência. Os soldados vinham mudos das trincheiras de Verdum, W. Benjamin nos ensinou. Tornar representável, isto é, transmissível, aquilo que suprimiu as condições de representabilidade, de produção de uma história compartilhável, é uma tarefa árdua. A exibição compulsiva de uma palavra catártica não é o mesmo que o *insichgehen* (entrar em si mesmo), movimento de internalização, de exame de si mesmo e autorreflexão. É esse movimento que dá espessura ao acontecimento, significando-o, criando uma alternância entre a experiência transitiva e a reflexiva, ou de reinstalar a diferença entre pensamento e alucinação. E é essa alternância que se interrompe na experiência do horror.

***

Talvez seja mais simples e eloquente apoiar este debate com as palavras de um sobrevivente anônimo de campo de concentração: "Quem nunca esteve em Auschwitz nunca vai entrar lá de todo, quem esteve lá nunca vai sair de todo". O mundo dos campos de concentração – como paradigma de horror –, não é processável como memória, é uma dor insuportável e sempre atual. Como diz Semprun, "algo de si sempre fica lá, embora outra parte sempre possa continuar amando, odiando, trabalhando, empenhando-se em projetos ou se enfurecendo". Essa clivagem profunda é típica de traumas extremos e seu equilíbrio ou elaboração perpétua será o núcleo da preocupação no desenvolvimento deste texto.

"Quem nunca esteve no universo dos campos de concentração nunca vai entrar de todo, quem esteve lá nunca vai sair" – como pensar o abismo dos universos simbólicos que separam um do outro, pelo visto de maneira definitiva e irredutível? Essa frase grudou em mim como uma sanguessuga (ou carrapato), se impôs como assédio psíquico e como um enigma a ser decifrado. Um colega alemão, Hans Stoffels, escreve que Dante, depois de escrever a sua *Divina Comédia*, foi evitado pelos habitantes de Verona porque tinha visitado o inferno.

***

Como, então, conceber a especificidade da memória do terror? A experiência do espanto, como dissemos, não gera ensino ou experiência, mas sim um vazio representacional. A dor originada do trauma é reiterada de forma alucinatória e os recursos psíquicos demoram a fazer com que esse animal furioso que é a alucinação se torne metabolizável e se consiga, não digo domesticá-lo, mas pelo menos torná-lo menos candente, e que em vez da sideração do sujeito possa dar lugar a representações psíquicas que adquiram significado para o portador afetado.

Sabemos que as palavras aludem e representam fatos, às vezes com proximidade, às vezes a uma distância inexorável. Posso dizer "estou apaixonado" ou "estou horrorizado", ou mais especificamente "ontem à noite fiz amor, ou tive um orgasmo", e posso dar a essas afirmações a máxima banalização, ou, pelo contrário, arder de emoção. Em outros termos, a partir dessas experiências podemos formar uma palavra plena ou uma palavra oca. Não se dispõe do espaço de intimidade próprio da simbolização como dado inicial originário, como dispomos do ar que respiramos e da luz e das cores para poder ver: ele é um registo que se constrói laboriosamente e se consegue de forma aleatória. Ou se consegue construir ou se fracassa. É a distância entre a comunicação ordinária e a poética. Para se poder falar, sempre são necessários dois, mesmo que o outro seja você mesmo, e essa tensão entre a experiência imediata e o pensamento é imprescindível. Mas se a distância entre o fato experiencial e a sua representação é sempre problemática, esta dificuldade se multiplica de modo exponencial nas zonas extremas de prazer e de horror. A linguagem não é a verdade, diz Paul Auster, mas é nossa maneira de residir no mundo. E mesmo quando o *pathos* habita e até inunde as palavras, ainda é necessário distinguir entre o afeto catártico da palavra evacuativa e diferenciá-lo da dura experiência interior da palavra que expressa a dor psíquica. Chegar a este ponto é árido e árduo – talvez seja a parte mais longa e tediosa de um processo terapêutico –, mas este não é um ponto de chegada, e sim de partida apenas. É aí onde cessam os trilhos alucinatórios da repetição traumática, essa sideração da experiência que não pode sujeitar nem expulsar o espanto e fica paralisada de terror. (O que algum autor chama de colapso na transicionalidade entre alucinação e pensamento, que brota como a aresta mais visível da chamada Neurose Traumática ou de Guerra). Outra vez Semprum com a palavra:

> *É necessário que apareça na narrativa um eu que se alimentou da minha experiência, mas que a supere, que seja capaz de inserir nela o vivido e o imaginário, a ficção e, portanto, a esperança. Uma ficção que fosse tão ilustrativa quanto a verdade, que contribuísse para tornar a verdade verossímil e não atordoante.*

Nada do que propomos é semelhante à cicatrização do P.T.S.S. ou à normalização psicológica que a resiliência aponta. Trata-se de reconhecer no trauma massivo da barbárie totalitária não apenas os danos corporais que a medicina deve reconhecer e tratar, não apenas os sintomas psicológicos, que a medicina integral ou psiquiátrica pode ajudar a mitigar, mas pôr em foco o registro onde o ser humano é um ser falante. E a sua condição de ser político – como se sabe desde Aristóteles – não é um atributo adjetivo, mas uma condição constitutiva da sua humanidade. Esta utopia é tão inalcançável quanto imprescindível, irrenunciável. Sem ela, a solidariedade lúcida e consciente cai fatalmente no tobogã do assistencialismo altruísta e reinstala no par terapêutico a dicotomia do doente e do indene. E neste mundo de injustiça, quem está isento de ser vítima, algoz ou cúmplice da violência política? Por isso é necessário manter essa utopia como referência: quem está doente é o vínculo social, não a vítima. Quando o trauma da violência política reassume seu verdadeiro estatuto, o de ato político e não o de doença, então o processo terapêutico será interminável, tão longo quanto a história da humanidade. "Não sou um doente, mas expressão do meu tempo", disse Hans Mayer, mais tarde Jean Améry, em *Além do crime e do castigo* (*Au delà du crime et du châtiment*).

Vocês devem se lembrar do pesadelo recorrente de Primo Levi no KZ: ele sonhava se reencontrar com seus entes queridos e, no meio da narração de suas misérias, eles se afastavam frios e indiferentes... Da tortura "ninguém quer saber, ninguém pode acreditar", martelava M. de Certeau, e a alienação incrédula redobra a intensidade patogênica do traumatismo. A empatia da testemunha envolvida é decisiva na recuperação da pessoa afetada.

As mães e avós dos desaparecidos, as Locas de la Plaza de Mayo (Gómez Nabgo, 2004), com a sua perambulação silenciosa com a efígie dos seus filhos, convivendo lutos, tristezas e dores, mudaram o curso da história do nosso continente com a sua luta insubornável pela memória. À memória oficial da celebração patriótica, imposta pelas ditaduras, foram tecendo, passo a passo, o vínculo social dilacerado pela tirania. Não são anos, mas décadas de trabalho e esforço, o tempo investido para reverter o mandato do silêncio, a proscrição da memória em prescrição da memória. *Unfinishable business* (*Assunto interminável*) é o título de um poema alusivo que Primo Levi escreveu pouco antes de morrer. Assim aconteceu com o genocídio armênio, com a Shoah, com os desaparecimentos na América Latina, confirmando que são necessárias três gerações para construir e modelar a humanidade de um ser humano.

Sabemos que o terror emudece e encerra a vítima na sua dor e no seu silêncio (Gómez Nabgo, 2004),

> *Isso ocorre no horror candente da guerra e do genocídio ou da tortura, ou no horror gélido da marginalização e da exclusão, que privam o sujeito do seu direito a ter direitos. A cura, que na medicina é o silêncio dos órgãos, é no trauma o retorno da vítima à sua condição de sujeito, à sua condição de ser falante* (parlêtre) *e cidadão. Percorrer palmo a palmo o caminho da reparação é sempre um caminho singular e diferente, mas envolve sempre resgatar*

a palavra e restituir uma memória apta a configurar um presente e projetar um futuro.

***

> *"A multidão daqueles que não viveram o suficiente..."* "La foule de ceux qui n'ont pas vécu assez..." *Não é uma carpideira o que faz falta a eles mas um áugure (um adivinho).* "Ce n'est pa une pleureuse qu'il leur faut c'est un devin". *Eles precisam de um Édipo que lhes explique seus próprios enigmas, dos quais eles não têm noção.* "Il leur faut un Œdipe que leur explique son propre énigme dont ils n'ont pas les sens." *É necessário ouvir as palavras que jamais foram ditas, que ficaram no fundo dos corações (vasculhem os seus, ali as encontrarão). Temos que fazer os silêncios da história falarem."* "Il faut entendre des mots qui ne furent jamais dites, qui restèrent au fond des cœurs (fouillez le votre, ils y sont). Il faut faire parler les silences de l'histoire."

Trago esta citação em exergo para evitar a suspeita de sectarismo psicanalítico e esclareço que nenhum grande psicanalista a pronunciou. Foram ditas por Jean Michelet em seu *Diário*, em 30 de janeiro de 1842 (Steinberg, 2003). Para uma humanidade capturada na jactância do progresso civilizacional, a data é surpreendente e pioneira da palavra criadora como fator terapêutico.

Escolho esta citação proferida há mais de um século e meio porque vai na direção pertinente e precisa de desmedicalizar o problema do trauma massivo, de estender uma ponte sobre o abismo aparentemente intransponível entre os universos simbólicos daqueles que viveram e não viveram o horror da experiência dos campos de concentração ou do genocídio frio e por vezes imperceptível da exclusão, que tantas vezes tratamos com o recurso da "distração bem-educada". Escolho esta citação porque visa quebrar a dicotomia falaciosa de que existem afetados e indenes dessa inexorável e terrível noxa que a civilização continua a produzir, como Z. Bauman argumenta em suas *Wasted lifes* (*Vidas desperdiçadas*) e em *Modernidade e o holocausto*.

Escolho esta citação porque visa, reitero, estabelecer um espaço humano – compartilhado e coloquial – onde havia alienação e desconhecimento (incluo a medicalização como apontando nessa direção), e porque situa ou reposiciona traumas massivos em dois eixos essenciais: *a condição falante do ser humano e seu imperativo de transmissão entre gerações*. Estamos convencidos de que, aqui e além do trauma, pelo menos três gerações são essenciais para construir e modelar o perfil de um ser humano; que o nosso nascimento não é apenas o produto da união de um óvulo e um espermatozoide, nem da dotação genética que lhe é inerente, mas que somos herdeiros e mensageiros ou porta-vozes do desejo parental e de suas proibições, sejam explícitas ou inconscientes, e é através deles que chegam as chaves e comandos da linguagem e da cultura. Ou, para dizer com as palavras de Marc Auge em *Antropologia da vida cotidiana*: "O par natureza-cultura é indissolúvel na condição humana e coextensivo à sua condição de falante. Não há dicotomia entre o homem individual e o homem cultural. A identidade individual é em e pela relação com outros homens. A relação com o outro pode ser de exterioridade (o outro como distante e externo) ou de proximidade participativa (empatia e interioridade)."

A observação pan-ótica reificadora ou o estabelecimento de um campo dialógico são as alternativas opostas onde se desenrola um encontro ou um desencontro entre seres humanos. A compreensão dos efeitos e consequências do trauma e da exclusão são apenas um capítulo (relevante e crucial, sem dúvida) desta lógica na gênese da condição humana que nossa clínica por vezes desconhece. Só nos humanizamos através de pertenças e lealdades conflituosas com os nossos antepassados e contemporâneos, dentro de uma língua e de uma cultura, em continuidade ou ruptura com a tradição, processando dores e alegrias dos nossos antepassados e constituindo um espaço próprio que iremos transmitir aos nossos descendentes. Como H. Arendt postula lucidamente, "devemos abandonar a noção de Identidade humana como mesmice autorreferida: a humanidade dos homens só se destaca no quadro do co-pertencimento ao mundo de outros homens."

Imre Kertész (1998) disse:

> *O historiador francês Renan, grande especialista no assunto, destaca que nem a raça nem a língua determinam uma nação; os homens percebem em seus corações que seus pensamentos e sentimentos têm afinidade, assim como suas memórias e esperanças. Eu, porém, me dei conta muito cedo que lembrava de tudo de outro modo e que minhas esperanças também eram diferentes do que a pátria exigia de mim. Esta diferença, considerada vergonhosa, ardia em mim como um segredo e me excluía do altissonante consenso que me rodeava, do mundo unânime dos homens. Carregava meu eu com um sentimento de culpa e com uma sensação de consciência dividida até que – muito mais tarde – percebi que não se tratava de uma doença, mas antes de saúde, e que qualquer perda era recompensada pela lucidez e pelo ganho espiritual. Viver com um sentimento de desamparo: hoje em dia é provavelmente o estado moral em que, resistindo, podemos ser fiéis à nossa época.*[2]

2 Universitaire Beyrouth, Liban. Conferencia de Kertész, Imre: "Pátria, lar, país".

Como dizia Freud: "os escritores sabem mais que os psicanalistas", e a citação do Prêmio Nobel de Literatura poderia ser escrita como o objetivo de um processo terapêutico.

É nessas coordenadas – e não no dilema entre o silêncio ou a estridência dos sintomas – que se dá o processo de elaboração do trauma e da exclusão, que não são doenças do aparato psíquico de um indivíduo, mas doenças do vínculo social. Porque não é a mesma coisa transitar e processar o jubiloso legado com que, se supõe, a espécie humana deve acolher e prodigalizar a sua descendência, que ser herdeiro do opróbrio, da humilhação e da vergonha de ancestrais difamados.

Há um século, em *Totem e tabu*, Freud observava que nenhum ato significativo de uma geração, ainda mais se for infamante ou oprobrioso, poderia ser escondido da geração seguinte. A intimidade familiar é a caixa de ressonância que amplifica a peripécia da dor interior da pessoa traumatizada. O assédio recorrente de uma origem vergonhosa e humilhante transita sem fim ao longo das gerações, como Michelet apontava sagazmente, há um século e meio. A nobre tarefa de nossas instituições de solidariedade e de nossos consultórios, embora necessária, não é suficiente. Não se trata do uso midiático da tortura e do genocídio como um espetáculo do horror, comovente, mas ainda assim espetáculo; trata-se de vencer o escândalo e a repugnância que nos dá o devolver à luz, à cena pública, uma das facetas mais abjetas de que nossa espécie é capaz. A questão é que aquilo a que chamamos progresso civilizatório por vezes avança na direção de um retorno à barbárie. A comunidade afetada, não só como espectador indiferente, mas como testemunha comprometida ou cúmplice por omissão, é o polo que triangula a tarefa de reparação, que não nos diz respeito apenas como profissionais, mas sim como cidadãos. A sensibilização massiva através da denúncia do crime em eventos como este é tão reparadora e terapêutica quanto os esforços de nossa clínica. Tarefa de longo prazo, talvez interminável. Lembre-se de como a pequena primeira edição de *A espécie humana*, de

Robert Antelme, levou mais de uma década para se esgotar e depois se tornar uma leitura obrigatória. As leis da impunidade e ponto final sufocaram a memória pública durante décadas na América Latina. Houve longos anos em que só uns poucos de nós abordávamos estas questões e o lamento das vítimas era tratado como coisa estranha, quando não com sarcasmo e com ódio pela maioria bem-pensante. Hoje, um potente movimento pelos direitos humanos, pela justiça e pela condenação dos crimes contra a humanidade percorre o continente e o planeta, e se institucionalizou na Convenção Internacional para a Abolição da Tortura, e no Tribunal de Haia para crimes contra a humanidade, com a exceção de Bush e seus capangas.

Todos conhecemos a importância e os limites deste tipo de instituições, bem como da massa militante anônima que chamamos de opinião pública mundial. Quero terminar com a já conhecida máxima de que o horror do trauma cresce nas trevas do segredo e da impunidade e declina quando assumimos a responsabilidade e o risco de sua denúncia mesmo com o choque do escândalo e da impudicícia. Termino com a epígrafe do livro do meu amigo Daniel Gil *O terror e a tortura*, onde evoca um provérbio chinês: "Há assuntos de que ninguém gosta. Nem eu".

Referências

Altounian, J. (1990). *Les chemins d'arménie*. Les Belles Lettres.

Antelme, R. (1996). *La especie humana*. Trilce.

Gómez Mango, E. (2004). *El llamado de los desaparecidos: sobre la poesía de Juan Gelman*. Cal y Canto.

Kertész, I. (1998). *Un instante de silencio en el paredón: el holocausto como cultura*. Herder.

Levi, P. (1988). *Si esto es un hombre*. Proyectos Editoriales.

Puget, J.; & Kaës, *R.* (Comps.). (1989). *Violence d'état et psychanalyse*. Dunod.

Puget, J.; & Kaës, R. (2006). *Violencia de estado y psicoanálisis*. Lumen.

Semprún, J. (2002). *La escritura o la vida*. Tusquets.

Steinberg, P. (1996). *Chroniques d'ailleurs*. Ramsay.

Steinberg, P. (2003). *Traumatismes et ruptures: colloque international Conseil des eglises du Moyen Orient*. Conseil des eglises du Moyen Orient.

Viñar, M. & M. (1989). *Exil et Torture*. Denoël.

Comentário por Fernando Orduz

O campo para a reflexão aberto pela hipótese de Marcelo Viñar espraia-se e oscila em torno do eixo que ele instala com a citação de Marc Augé: "O par natureza-cultura é indissolúvel na condição humana e coextensivo à condição do ser humano de ser falante. Não há dicotomia entre o homem individual e o homem cultural". No interior do campo psicanalítico, esse par antitético já foi formulado por meio de outras metáforas, como a do par Pulsão-Outro; ou representado pela fita de Moebius, onde o externo vira interno e vice-versa.

Inicialmente, no pensamento freudiano, e em decorrência do paradigma da positivação da ciência em finais do século XIX e inícios do século XX, a disciplina psicanalítica tendeu a fundar a validade dos seus conceitos nos achados biológicos, em enunciados que, na época, operaram como *arche* ou princípio explicativo das ações humanas.

Essa perspectiva poderia ter uma nuance perigosa, em meu juízo, porque supõe a busca de causalidades biológicas unidimensionais como origem das ações humanas, tendendo a conferir uma carga pejorativa às especulações dialetais das ciências humanas. A compreensão da subjetividade humana produzida por essa explicação se baseia em uma sociobiologização que reduz os sistemas humanos a leis ou regularidades que aproximam o humano de um protocolo algorítmico.

Com essa observação crítica, não se pretende negar a importância ou a incidência dos fatores naturais, inatos ou constitucionais do ser humano, mas apontar o perigo que supõe considerá-los como a base explicativa essencial e, às vezes, única do humano. Até as próprias palavras, na nossa disciplina, são validadas quando provêm dos campos das ciências denominadas exatas, como o mostra Viñar na sua pontualização acerca da noção de resiliência.

Viñar assinala outro risco envolvido nessa biologização do humano, o da tendência do pensamento a realizar taxonomias. Este sistema de classificação e organização do universo implica um uso da palavra à maneira de um pensamento obsessivo que ordena e distribui diferenças e semelhanças para construir síndromes e catálogos de sintomas e sinais, perdendo, com isso, a capacidade narrativa polivalente da palavra.

O corpo e seus sintomas, da perspectiva positiva da ciência, são vistos como dados, sendo continuamente sujeitos a uma análise numérica. Na interação médico-paciente não há mais diálogo, não há uma leitura dos símbolos expressados pelo paciente em relação à sua dor, nem uma interpretação daquilo que os sinais do seu corpo indicam. Na perspectiva médica contemporânea, o sujeito parece valer pelo que é dito pela estatística e pela quantificação das substâncias e dos elementos que compõem a materialidade do seu corpo.

Esta ótica me leva a pensar que há uma leitura psicanalítica sobre o trauma que define o sujeito como um quantum de energia, uma quantidade que ultrapassa o eu na sua possibilidade de assimilação. Colocar a ênfase neste aspecto significa relegar a capacidade historicizante da palavra.

É sobre essa dimensão histórica que a leitura do texto de Marcelo Viñar nos abre outra perspectiva na qual a dimensão do outro e a possibilidade narrativa da palavra ensejam um olhar alternativo. O trauma social nos dá acesso a uma compreensão que nos possibilita observar como o sujeito é afetado pela ação do outro: o outro como indivíduo, o outro como grupo, o outro como estrutura social.

A compreensão sobre o trauma, mais do que fundar uma explicação quantitativa energética, deveria nos levar a pensar nos efeitos da violência da ação do outro por meio de práticas envolvendo a intimidação e o horror. Um dos efeitos mais representativos do ato violento social residiria na gestação do silêncio das vítimas e na imposição de um sentimento de medo permanente.

Essa proposta de Viñar poderia encontrar eco na segunda tópica de Freud, com a qual ele abre a porta para o estudo e a compreensão dos efeitos gerados pela cultura, via pulsão de morte, na constituição do humano.

Fruto da experiência da Primeira Guerra, essa nova perspectiva de Freud nos traz uma visão um tanto pessimista sobre os impulsos destrutivos do homem. A sua teoria nos permite pensar sobre a forma como o outro social tende a exercer um comportamento excludente e violento sobre aquele que carrega uma diferença. Massacres, genocídios, barbárie, tortura são algumas figuras do mal que operam a partir de determinadas estruturas sociais para eliminar a diversidade de outros grupos sociais ou de outros indivíduos que representam essa diferença (lembremos o massacre armênio, judaico, cigano).

As figuras do mal enunciadas por Marcelo me lembram outras que são frequentes no meu país (a Colômbia): o deslocamento massivo da população, o sequestro, o recrutamento de crianças por parte dos atores armados, os falsos positivos, os terrenos infestados de minas terrestres antipessoais, todo esse exercício de força bruta com o qual se pretende dominar a capacidade dialetal humana. *Não há palavras para contar o que aconteceu*: esta frase é uma expressão permanente nas vítimas do meu país, em todas as situações referidas.

Os *falsos positivos* foram (e ainda são) uma prática constante no conflito armado do meu país. Cidadãos comuns assassinados eram apresentados como sendo guerrilheiros caídos em combate. Não bastava ganhar a guerra: era preciso levar a população a acreditar que essa vitória era conquistada recorrendo-se à limpeza social de jovens cujo único pecado era esse mesmo: ser jovens. Fica evidente, assim, a carga simbólica implicada no ato de assassinar o futuro para privilegiar e conservar o *status quo* das convicções da geração adulta.

Nas nossas formas de nos relacionar com aqueles que se opõem a nós com a sua diferença se revela o *homo homini lupus*: devoramos ou dilaceramos nossos congêneres que nos oferecem outras cores de pele ou outras formas de pensar; repetimos compulsivamente o fratricídio de Caim. Ao que tudo indica, outorgamos um privilégio à guerra e à violência social como uma forma de dirimir conflitos, uma escolha que acaba afetando de uma maneira estrutural o desenvolvimento e a constituição de muitas subjetividades.

Um sinal desta situação se manifesta na forma como a palavra perde a sua dimensão dialogal e acaba confinada na sombra e no silêncio, como aponta Viñar ao citar Gómez Mango: "o terror emudece e fecha vítima na sua dor e no seu silêncio".

O convite do texto de Viñar para um exercício de recuperação da palavra que nos permita sair desse espaço sem voz e sem memória me lembra o relato feito por Ray Bradbury no seu famoso romance *Farenheit 451*. A trama da história reflete a decisão de um governo totalitário que comina a queimar a totalidade dos livros. Em face dessa ordem, um grupo de professores resolve que cada um deles decoraria um livro para, com essa lembrança, reconstruir, mais tarde, a sociedade que sobreviveria à violência mortal do regime totalitário.

Algo semelhante aconteceu com a reconstrução de Varsóvia após a Segunda Guerra Mundial, a qual foi possível graças – entre muitos outros fatores – à memória das obras do pintor veneziano do século XVIII, Bernardo Belloto (ou Canaletto o Jovem).

Esta última história é importante porque também evidencia a importância da relação intergeracional assinalada por Viñar no seu texto quando enuncia que: "humanizamo-nos pelos nossos pertencimentos e lealdades conflitantes com os nossos ancestrais e contemporâneos."

Se o reconhecimento de uma ação violenta se perde na individualização da sua produção e da sua vítima, perdemos o contexto de produção, que, em geral, remete à compreensão do laço social como o lugar onde são tecidas as venturas, aventuras e desventuras da nossa constituição humana. A consideração dos sintomas de um indivíduo também deve vê-los como a expressão simbólica de um mal-estar social que faz carne em cada um dos seus porta-vozes. Uma sociedade violenta com o outro é causa das silentes depressões e dos terrores paranoicos, sem que isto implique desconhecer a contribuição da biologia e de suas moléculas químicas nesses processos.

Para Marcelo Viñar, há uma esperança na recuperação da palavra e, nessa tarefa, o exercício psicanalítico é fundamental, pois a nossa *techne* é, de alguma forma, uma prática de recuperação da memória diante do câncer da repressão e do esquecimento.

Parte I
A clínica analítica ampliada

3. Gritos do silêncio: a escuta analítica ampliada no trabalho social

*Josênia Heck Munhoz, Ivani Teresinha Bressan,
Andréa de Andrade Etzberger, Carolina Silveira Campos,
Celia Stadnik, Heloísa Cunha Tonetto,
Leonor d'Avila Brandão, Luciana Aranha Secco,
Luísa Rizzo, Maria Elisabeth Cimenti e Natalia Soncini*

O presente artigo relata algumas considerações sobre situações vivenciadas nas Rodas de Conversa (RC) por um grupo de psicanalistas da SPPA em parceria com a Fundação de Projeto Social. Estas vivências aconteceram em uma das unidades do Projeto, situada em região periférica na cidade de Porto Alegre/RS. Trata-se de um projeto social da Fundação para atender jovens com idade entre 14 e 18 anos, no turno inverso do período escolar, visando o desenvolvimento pessoal e cidadania. Os jovens permanecem na unidade por seis meses. Também enfoca situações relatadas nas Rodas de Conversa com grupos de educadores sociais de diferentes estados do Brasil, na modalidade on-line.

Este trabalho marca nosso retorno ao atendimento presencial aos adolescentes após o período da pandemia da Covid-19. Realizamos Rodas de Conversas com os jovens buscando criar espaços de diálogo que permitam à escuta analítica uma escuta ampliada – polifônica (Figueiredo, 2014). Esta escuta é necessária para apreender as diversas vozes psíquicas pertencentes a modos de funcionamento e de sofrimento emocional distintos, advindos das mais diversas realidades psíquicas, inclusive vozes silenciadas por repetidas condições traumáticas importantes (Minerbo, 2016). A escuta, como ferramenta, visa propiciar trocas sobre o modo de enfrentamento da desigualdade e da injustiça social. Constitui-se assim em um espaço destinado à reflexão, que implica a todos nós no processo, criando um enfrentamento de nossas próprias vivências.

A conversa que se estabelece nessa condição coloca todos os participantes do grupo em contato com as próprias vulnerabilidades. É necessário um mergulho profundo do analista em suas emoções, para que um sujeito historicamente injustiçado se sinta (re)conhecido. É impossível realizar esse trabalho, como analista, sem se sentir profundamente tocado, transformado pelas situações vividas pelos jovens, que são, em sua maioria, inimagináveis para nós.

Quando trabalhamos em territórios inundados pelas injustiças sociais, nos deparamos não apenas com problemas materiais próprios da pobreza e seus efeitos nos modos de existência, mas com os efeitos subjetivos das desfiliações sociais. O fenômeno da exclusão leva ao não pertencimento da ordem simbólica na qual se tramita e dá possibilidade à afiliação social. Nesse sentido, Rodríguez (2019) afirma que a queda da filiação social nos sujeitos abala certos tabus constitutivos da civilização. Os efeitos genealógicos da desfiliação, da exclusão e da expulsão produz danos à subjetividade e a queda dos tabus – incesto, parricídio – a morte passa a estar vigente como algo possível. Como antecipou Freud (1912/2006a) em *Totem e tabu*, a violação aos tabus provoca o retorno do processo civilizatório à horda primitiva.

Este trabalho na unidade do Projeto deu-se com um grupo de 20 adolescentes e foi realizado quinzenalmente por duas duplas alternadas de psicanalistas. O primeiro encontro com o grupo foi realizado pelas quatro psicanalistas com a finalidade de apresentar a proposta do trabalho a ser realizado no período de oito encontros. O foco seria criar espaços para falarem das experiências ligadas às vivências no grupo, na família e na comunidade em geral. Os adolescentes verbalizaram suas expectativas quanto ao trabalho a ser realizado; alguns poucos se "arriscando" mais do que outros a nos perguntar e contar um pouco sobre a experiência junto ao Projeto Social. No decorrer, surgiu a proposta de construírem uma história que expressasse o que sentiram no encontro. Sentados em círculo, um jovem iniciou com a frase "*Em um lugar distante*....." e foram construindo uma narrativa na qual cada um contribuiu com um pedaço. A história falava sobre um povoado onde um reinado dominava. Havia bruxas, personagens fantasmagóricos, morte, renascimento, arco-íris e chuva de sangue. Apareceram lutas entre povos pela disputa do poder. O desfecho se deu quando as pessoas de um dos povoados atravessaram uma ponte que desabou, mas alguns conseguem sobreviver. Daí veio uma chuva de sangue e todos morreram. Após, a história terminou com a palavra "*Fim*".

Esse final foi contundente, traumas repetidos. Fez-se um silêncio. Uma das psicanalistas verbalizou com certa dramatização: "*Bah, me senti morrendo aqui também*". Alguns jovens riram e houve agitação geral do grupo. A narrativa do conto que iniciou distante: "Em algum lugar ...", no desenrolar é atravessada por uma crueza da ordem do Real da vida desses jovens – todos morrem, não se sobrevive. Conforme Lacan, "o real é o impossível" e que "não cessa de não se inscrever".

> *O real é aquilo que sempre volta ao mesmo lugar – ao lugar onde o sujeito, à medida que cogita, não o encontra [...] aquilo que falta na apreensão pelo pensamento (Chemama & Vandermersch, 2007, p. 326).*

Em nosso primeiro encontro se desvelou um cenário que nos fez estremecer diante da pergunta: o que nos resta fazer frente a esta realidade pós pandêmica, pós situação sociopolítica e econômica dramática do país que levou a um maior empobrecimento da população, sobretudo das que vivem às margens? Testemunhamos a morte. Profundas carências. Vulnerabilidades. Desamparos. Como destaca Rodriguez (2019), existe uma diferença entre melancolia e desalento. Na história, o desalento se fez presente, entendendo-o como algo que diz respeito ao futuro: mortificação presentificada. Aquilo de mais genuíno que os jovens poderiam trazer em seu pedido de socorro. Foi profundamente tocante e emotivo.

Resta salientar que o processo de elaboração mais profundo deste primeiro encontro se deu a posteriori, após a conclusão dos encontros. Destacamos que na sequência dos grupos com os jovens ainda não havia sido possível ser colocado em palavras a significação traumática que esse primeiro encontro representou para todos nós. Todos vivemos um tempo de silenciamento, de cumplicidade com o apagamento – "a chuva de sangue" que carrega a não-sobrevivência.

O encontro posterior aconteceu com uma das duplas. Ao chegar na unidade, o educador social vem conversar conosco e conta do trabalho com os jovens. Essa conversa antecedeu o início do grupo e despertou curiosidade nos adolescentes que circulavam na sala em que estávamos. Quando iniciamos o grupo com os jovens, sentimos que estavam à espera de algo, talvez a conversa com o educador poderia ter gerado desconfiança. Mostravam-se desatentos, mexiam no celular, movimentavam-se inquietos (apenas inversão) pela sala, riam e falavam entre eles. Um jovem perguntou se tínhamos trazido algo para fazerem. O grupo seguia agitado sem espaço para alguma atividade. Não nos sentimos escutadas e respeitadas por eles. Diante disso, encerramos antes do horário combinado. Saímos do encontro muito sensibilizadas com tantos sentimentos abertos, soltos dentro de nós sem conseguirmos entender, naquele momento, o que estavam nos comunicando. Novamente a inquietação sentida pelas psicanalistas somente foi possível entender a posteriori. Na discussão com o grupo de colegas, entendemos que o "desrespeito" sentido pelas coordenadoras comunicava o desrespeito vivido pelos jovens constantemente. Precisou um terceiro analítico (grupo de colegas) para entender a contratransferência do não reconhecimento da existência do outro. Entendemos que a impossibilidade de pensar foi uma defesa frente à impotência sentida pelas psicanalistas e que as levou a antecipar o encerramento do encontro.

No encontro seguinte, a mesma dupla de psicanalistas apresentou, como estímulo, a música "AmArelo" de Emicida:

permita que eu fale
Não às minhas cicatrizes
Achar que essas mazelas me definem
É o pior dos crimes
É dar o troféu pro nosso algoz e fazer nóis sumir, aí.

Ao escutarem a música, os jovens mostravam inquietação, silêncios, alguns perguntavam sobre palavras sem significado, a não associação de significações. O grupo não fazia associações significantes. Frente ao não dito, perguntamos o que era mais difícil para eles e uma voz disse o "silêncio". A partir desse momento, o silêncio se fez presente no grupo. Mais uma vez, a posteriori, entendemos que a impossibilidade de falar sobre as mazelas impôs o silenciamento. Pensamos que o silêncio os colocava em contato com suas angústias. Abria-se, talvez, um espaço para ampliar a mente e tentar reescrever a história e não somente repetir a já existente.

Uma situação relatada por outra dupla de psicanalistas com o mesmo grupo de jovens, revelavam nuances de sentimentos e algumas situações vividas por eles. Era uma tarde chuvosa. Ao chegarem na unidade, o educador social estava falando com os jovens em um tom alto e de forma bastante enérgica. Os jovens estavam calados. Enquanto elas aguardavam, percebiam um clima pesado e a cobrança devido à provocação com outros jovens que passavam na rua, algo sobre uma disputa ou rivalidade. O incômodo do educador enfatizava o "desrespeito" dos jovens com a Instituição, inclusive pelo uniforme que usavam no momento.

Passado um tempo, as coordenadoras iniciaram o grupo. Os adolescentes estavam cabisbaixos, calados, expressando o incômodo sentido. Ao serem indagados quanto a relação da conversa com o educador e o incômodo expressado no momento, os jovens negaram e seguiram em silêncio. As psicanalistas então propuseram a leitura de uma história que haviam planejado: o livro *A parte que falta encontra o grande O*, de Shel Silverstein (2018).

No momento da contação, surgem risos e conversas paralelas, expressando uma certa euforia no grupo. Alguns faziam comentários maliciosos à medida que a história avançava. As psicanalistas questionaram se o riso seria sobre a angústia causada pela conversa com o educador ou relacionada com a parte que falta exposta no livro. Uma jovem respondeu que o riso era sobre um colega que "*aprontou todas*" no final de semana. Embora a analogia feita entre o tudo/*todas* e as partes que faltam em todos nós, os jovens seguiram agitados, rindo de forma eufórica. Diante disso, encerramos o grupo falando que estavam com questões intensas ligadas aos acontecimentos do dia. Na saída, uma jovem se aproximou e disse: *Não fiquem chateadas, pois não é com vocês. Gostamos da atividade.* Entendemos, após, que os jovens tentaram encobrir o desamparo sentido diante as repetidas vivências traumáticas sofridas. Era a denúncia da desmentida, da falta presentificada e do que podia acontecer de pior, o silêncio.

No último encontro estavam quatro psicanalistas. Logo de início, alguns jovens pediram para segui-los no Instagram. As analistas propuseram atividades com músicas e vídeos ligados às preferências dos ritmos dos jovens. A proposta criou um clima de descontração no grupo, movimentos rítmicos acompanhando o som da música. Um jovem animou-se a produzir um *reggae* construído por todos, alguns mais participativos, outros não. No decorrer do encontro os jovens falaram da proximidade da formatura e da satisfação de pertencer ao Projeto Social. Mencionaram que gostariam de maior tempo no Pescar e maior frequência de encontros. O clima era de proximidade, propiciando a despedida. Os jovens repetiram o pedido para segui-los no Instagram e também para nos seguirem. A impressão era de uma esperança, de sair de um lugar silenciado e silencioso, na esperança de semear alguns laços que levem a uma maior humanização.

Em outro contexto ligado às Rodas de Conversa com educadores sociais, surgiu uma situação na qual um educador falou sobre uma jovem, que apresenta dificuldade de se relacionar no grupo, provocativa, arrogante tanto verbal quanto na forma de agir e por vezes alheia às atividades solicitadas. Disse: "Fiquei com ranço. Não aguento mais ela". As psicanalistas trabalharam com o grupo no sentido de pensar o que poderia estar provocando o sentimento de repulsa. O educador referiu sentir-se culpado pelo incômodo despertado e pela raiva sentida, necessitando dividir a situação com o grupo. Todos se identificaram com a situação narrada. Verbalizaram a importância de ampliar o olhar e a escuta no sentido de entender os diferentes significados nas atitudes confrontativas e negativas dos adolescentes. Referimos que sentimentos como raiva, intolerância e ódio fazem parte do humano, presentes em todos nós. Reforçamos a importância de os educadores escutarem e estarem atentos aos próprios sentimentos, pois também desvelam o outro. Ao final, o grupo concorda com a necessidade de sustentação e continência frente às dificuldades e sofrimentos dos jovens, decorrentes das situações de repetidas vulnerabilidades.

Minerbo (2020, p. 238) adverte sobre a ideia de limbo, citando Winnicott: "é uma alegria estar escondido, mas um desastre não ser encontrado", que nos conecta diretamente a quando estamos no trabalho com a comunidade. Nas vivências com os jovens, podemos perceber que suas identidades muitas vezes não são consideradas e isto os coloca em um_não lugar e sem existência frente aos seus semelhantes – no limbo. Estar no limbo é pior que a morte; é estar sem significado para o outro.

O diferente no outro, algo que assusta ao desorganizar a ilusão das certezas, pode apresentar-se enriquecedor no momento em que possibilita o contato com novas visões de mundo e com outras formas de lidar com realidades tão difíceis.

Lembra o poeta:

Há um grande silêncio que está sempre à escuta ...
E a gente se põe a dizer inquietamente qualquer coisa,
qualquer coisa, seja o que for,
desde a corriqueira dúvida sobre se chove ou não chove hoje,
até a tua dúvida metafísica, Hamleto!
E, por todo o sempre, enquanto a gente fala, fala, fala
o silêncio escuta...
e cala.
(Mário Quintana, 2013)

Pensando um pouco mais sobre a adolescência, faixa etária de nossos jovens, Jeammet (2009) refere que a adolescência é um momento privilegiado de expressão pulsional da agressividade e da sexualidade. Neste sentido, salienta que não pode ser pensado fora da questão da identidade dos limites, do medo da absorção ou de abandono pelas pessoas investidas. Esta etapa da vida pode favorecer o surgimento de uma tensão pela contradição de desejos. O adolescente vive o paradoxo de afirmar sua autonomia e ao mesmo tempo receber dos adultos, principalmente de seus pais, a força e a segurança interna que lhe faltam/ que ainda não está consolidada. Para o autor o peso das restrições, sejam biológicas ou sociais, restitui ao eu, um lugar central no controle destas. A capacidade do eu de enfrentamento ou, ao contrário, sua vulnerabilidade ao transbordamento traumático, são uma problemática essencial na conflitiva dos adolescentes.

Ao nos defrontarmos com tamanha vulnerabilização do ambiente, nos sentimos profundamente atingidos e, algumas vezes, emudecidos. Ruídos e silêncios assombram nosso fazer. Inúmeras vezes silenciamos, desmentindo a imensa dor. O pavor dos ruídos ensurdecedores e dos silêncios agonizantes nos atravessam e nos desacomodam, ao testemunharmos histórias de vida até então impensáveis para nós.

Ir ao campo dos vulnerabilizados e desamparados, sentir seus cheiros e barulhos estranhos, perceber os desastres de suas vidas, como referido por Fonseca (2017), revela quão estranhos nos colocamos frente ao mundo de nosso outro. Nada ali combina com nossas concepções, os possíveis incestos, agressões sexuais e crimes – relatados ou pressentidos – violências em demasia e sofrimento por toda a parte. Diante disso nos perguntamos: Como pode tudo isso acontecer? O que podemos nós fazer, como testemunhas, frente a situações tão devastadoras?

Freud (1930/2006b), no *Mal-estar da civilização*, reitera que o homem primitivo, para viver em sociedade, precisou trocar uma parcela de felicidade por uma parcela de segurança. Tal sacrifício proporcionou a origem da sublimação das pulsões sexuais e agressivas, permitindo que laços sociais se formassem. Assim, haveria garantia de um convívio social com menor violência. Entretanto, observamos que nas populações excluídas socialmente, a sustentação e a continência dos laços sociais se fragilizaram, dando margem à agressividade e violência.

No livro *Torto arado*, o escritor Itamar Vieira Junior (2019) narra histórias de famílias em um povoado do sertão brasileiro. A história é contada por vozes femininas que, ao misturarem suas próprias dores à narrativa, apagam as demarcações do tempo e nos fazem entender que as lutas de ontem são as mesmas de hoje.

Uma passagem desta narrativa:

> *Quase desisti nesse exato momento, mas a imagem de Sr. levando o nosso suprimento, a fome e o improviso que se seguiram para fazermos a refeição mais tarde, me deram a firmeza necessária para prosseguir. Dentre as coisas que levava, e talvez a que mais me machucava, era a minha língua. Era a língua ferida que havia expressado em sons durante os últimos anos, as palavras que deveriam ser ditas. E que por inúmeras vezes haviam libertado da prisão que pode ser o silêncio (Vieira Junior, 2019, p. 87).*

Como podemos nos tornar sujeitos da nossa fala e com direito de sermos escutados?

Entendemos que somente nos tornamos sujeitos frente ao outro, se somos reconhecidos. Quando excluímos e silenciamos as pessoas que vivem à margem, recusamos reconhecer suas existências. Como um sujeito que não tem seu Ser reconhecido poderá sustentar os laços sociais? O ato de excluir é uma forma profunda de violência, da compulsão à repetição do abandono, desmentindo a importância dos laços sociais que nos humanizam.

Para Barthes (1990), filósofo francês: "A injunção de escutar é a interpelação total do sujeito por outro: coloca, acima de tudo, o contato quase físico desses dois sujeitos: cria a transferência: 'escuta-me', quer dizer toque-me, saiba que existo – me faz existir" (p. 222). A escuta fala – uma escuta psicanalítica ampliada – escuta polifônica que intervém.

Conceição Evaristo (2020, p. 7), em sintonia com Barthes, fala dos infinitos sons da vida, infinitos sons do humano, ao dizer:

> *...Ouço muito da voz outra, faço a minha, as histórias também e no quase gozo da escuta, seco os olhos, não os meus, mas de quem conta. E, quando de mim uma lágrima se faz mais rápida do que o gesto de minha mão a correr sobre meu próprio rosto, deixo o choro viver. E, depois confesso a quem me conta, que emocionada estou por uma história que nunca ouvi e nunca imaginei para nenhuma personagem encarnar.*

A escuta psicanalítica é a nossa ferramenta essencial nas "Rodas de Conversa" com a comunidade. Através desta, buscamos criar espaços de diálogo com os adolescentes e educadores sociais para falarem sobre suas dores, anseios, medos e sonhos, acrescidos das profundas distorções que a desigualdade e injustiça social provocam.

Esperamos que possam pensar e refletir sobre a realidade em que vivem, as condições socioeconômicas, educacionais a que estão submetidos e a necessidade desse enfrentamento para se tornarem sujeitos, protagonistas de suas vidas e não-assujeitados.

Isso remete a Marcelo Viñar (2018), ao enfatizar a importância que o Sujeito seja sujeito de sua experiência, como condição de superação de sua própria marginalidade. Reapropriação do corpo e da voz em primeira pessoa do singular e do plural. Estar à margem é não ter direito a ter direitos! Pensamos que "estar à margem", com o seu direito desapropriado, impossibilita o estabelecimento da alteridade necessária para a afirmação de um sujeito.

Figueiredo (2014, p. 123) enfatiza o quanto o nosso fazer psicanalítico precisa ter uma abertura para abarcar tais questões:

> *O caminho das práticas analíticas foi na direção de uma concepção cada vez mais complexa de escuta, em prol da expansão das capacidades do atendimento analítico de variadas formas de sofrimento psíquico.*

O psicanalista é convocado, conforme afirma o autor citado, a expandir sua escuta, adaptando suas próprias vivências a outras realidades, as quais tem que se alfabetizar e penetrar em códigos e metamensagens desconhecidas, individuais e grupais. Para tanto faz-se necessário uma profunda reflexão sobre a realidade social em que vivemos, quem somos, quem nos tornamos, e os privilégios ou não, advindos do nosso "lugar" nos extratos sociais.

Momento de concluir

A psicanálise acontece pela palavra e isso nos remete à sua essência, que se dá pela escuta. Sem a escuta analítica, não se instala uma situação de análise. Quando esta estiver instalada e pudermos tentar escutar até os ruídos vindos do silêncio, poderemos contar com a produção de possíveis processos de transformação.

Acreditamos que o convívio sensível com populações vulnerabilizadas nos coloca como testemunhas de histórias de famílias com suas crianças e adolescentes intensamente marcadas pela impossibilidade do exercício natural de seu desenvolvimento enquanto cidadãos que são e serem ceifados do direito à inclusão, à cultura e à vida.

Sair da posição de surdez frente aos gritos silenciados nos oferece a oportunidade de convivência com o outro diferente de mim em mim mesmo e que sofre com o sofrimento do outro. A escuta do sufocado, do gemido de dor que não sai, nos possibilita o acesso ao nosso ser sujeito – sujeitos de uma sociedade excludente. Apenas poderemos ouvir os ruídos silenciados à medida que reconhecemos esses ruídos em nós. Escutamos e não ouvimos, como referiu, em conjunção, uma educadora social: *precisamos olhar com olhos de ver*.

Silêncio

Assim como do fundo da música

brota uma nota

que enquanto vibra cresce e se adelgaça

até que noutra música emudece,

brota do fundo do silêncio

outro silêncio, aguda torre, espada,

e sobe e cresce e nos suspende

e enquanto sobe caem

recordações, esperanças,

as pequenas mentiras e as grandes,

e queremos gritar e na garganta

o grito se desvanece:

desembocamos no silêncio

onde os silêncios emudecem.

(Octavio Paz, 1998, p. 21).

Referências

Barthes, R. (1990). *O óbvio e o obtuso: ensaios críticos* III, (Tradução de Léa Novaes). Nova Fronteira.

Chemama, R.; & Vandermersch, B. (2007). *Dicionário de psicanálise*. UNISINOS.

Evaristo, C. (2020). *Insubmissas lágrimas de mulheres*. 4 ed. Malê.

Figueiredo, L. C. (2014). Escutas em análise / Escutas poéticas. *Revista Brasileira de Psicanálise*, *48*(1), 123-137.

Fonseca, T. G. (2017). Sísifo em nós. Considerações a respeito de parcerias da SPPA com a comunidade. *Revista de Psicanálise da SPPA*, 24(2), 341-356.

Freud, S. (2006a). Totem e Tabu. In S. Freud. *Edição standard das obras psicológicas completas de Sigmund Freud* (Vol. 13). Imago. (Trabalho original publicado em 1912).

Freud, S. (2006b). O mal-estar na civilização. *Edição standard brasileira das obras psicológicas completas de Sigmund Freud* (Vol. 21). Imago. (Trabalho original publicado em 1930).

Jeammet, P. (2009). A adolescência hoje, entre liberdade e imposição. *Revista de Psicanálise da SPPA*, *16*(2), 219-234.

Minerbo, M. (2016). *Diálogos sobre a clínica psicanalítica*. Blucher.

Minerbo, M. (2020). Transferência e contratransferência. 2 ed. Blucher.

Paz, O. (1998). Silêncio. *Antologia poética: 1935-1975*. (Organização e Tradução de Luis Pignatelli). 2 ed. Dom Quixote.

Rodríguez, C. (2019). A cultura da desigualdade e os ofícios do laço. *Revista de Psicanálise da SPPA*, 26(3), 433-441.

Silverstein, S. (2018). *A parte que falta encontra o Grande O*. Companhia das Letrinhas.

Vieira, J. I. (2019). *Torto arado*. Todavia.

Viñar, M. N. (2018). *Experiencias psicoanalíticas en la actualidad sociocultural: cómo nos cambia un mundo que cambia*. Centro de Publicaciones Educativas y Material Didáctico.

4. Abordagem das patologias graves na infância

Carlos Tewel

O problema das patologias graves na infância acarreta diferentes dificuldades a respeito da sua abordagem. Como mencionado por Ajuriaguerra (1973), no seu clássico "Manual de Psiquiatria infantil", as psicoses infantis não são concebidas como entidades, e são descritas sob formas diferentes e isoladas entre si, isso por conta da falta de uma descrição inicial – na história da psiquiatria –, como quadros psicopatológicos diferenciados dos adultos, e a separação em formas particulares por diferentes autores, tendo como consequência o isolamento de quadros que poderiam ser analisados conjuntamente. Em 1943, Leo Kanner individualizou uma síndrome particular, chamada "autismo precoce da criança".

Como consequência das dificuldades nosológicas desses quadros, veremos, mais à frente, que esses tratamentos propostos sob diferentes modelos de atenção acarretam, também, variações consideráveis.

Kanner propus essa síndrome a diferenciando da esquizofrenia, que tem início na infância em relação com o intenso isolamento do sujeito e o desapego dos ambientes durante o primeiro ano de vida e, por sua vez, o separando da oligofrenia ao considerar que havia uma importante potencialidade intelectual (Ajuariaguerra, 1977, p. 674).

Antes disso, o termo "autismo" tinha sido colocado por Bleuler em 1911, a fim de nomear a perda de contato com a realidade e a dificuldade de comunicação com os outros, porém, é só a partir da descrição de Kanner (1943) que surge a noção do autismo precoce (ou autismo infantil) como forma diferencial com suas próprias particularidades.

Por outro lado, as contribuições de Winnicott (1965), Mannoni (1971), Diatkine (1975), Tustin (1975), Bettelheim (1976), Mahler (1977), Misès (1977), Aulagnier (1977), Meltzer (1979) colocam uma preocupação intrínseca ao ambiente da psicanálise durante a década de 1970, período no qual foram lançadas as bases para as teorias e abordagens atuais do tratamento de crianças gravemente perturbados, que serão retomados mais à frente. O que queremos é focar nas diferentes formas de tratamento para essas primeiras descrições das psicoses infantis, sobretudo para o autismo infantil.

Embora as formas de tratamento iniciais já realizadas com essas crianças não sejam mais utilizadas (as chamadas terapêuticas biológicas, como eletrochoque insulinoterapia), hoje em dia são combinados tratamentos químico-psiquiátricos (a fim de gerar um efeito antipsicótico e de ação na ansiedade e agressividade) com diferentes abordagens de carácter psicoterapêutico.

Concordamos com Ajuriaguerra (1997, p. 714) ao pensarmos que a melhor solução seria a combinação entre os tratamentos farmacológicos, educacionais e psicoterapêuticos. Embora sejam necessárias determinadas precisões quanto aos últimos, posto que podem ser de diferentes tipos, enquadrados em uma instituição ou no ambiente da consulta privada, incluindo os pais ou isolando as crianças, e alterando os enquadres conforme as teorias psicológicas nas quais estão fundamentados.

Segundo o afirmado por Ajuriaguerra (1977) a respeito das terapêuticas tradicionais, tiveram lugar duas "atitudes teóricas": uma delas coloca que a criança deve ficar com a família e continuar com o tratamento em uma instituição durante o dia; e outra, colocada por Bruno Bettelheim na Escola Ortogenética de Chicago (1967), acha necessária a separação da criança da sua família, pois ela era vista, a partir do seu olhar psicanalítico, como o ambiente desfavorável principal para o desenvolvimento da patologia infantil, considerando necessária uma abordagem afastada da atitude de "domar" essas crianças (Bettelheim, 1977).

Essa disjunção entre as instituições dedicadas a mudanças de comportamento que iriam promover uma adaptação da criança ao meio onde mora, e as instituições dedicadas à abordagem da sua particularidade quanto à sua constituição subjetiva e sua relação com os outros, permite propor, nesta tese, um enfoque original e inovador, começando pela pergunta: como é que uma instituição psicanalítica, dedicada à abordagem de crianças severamente perturbadas, permite o desenvolvimento de determinados elementos que estão alinhados com o desenvolvimento subjetivo da criança, se afastando das abordagens estritamente comportamentais?

Essa questão está ligada aos antecedentes iniludíveis quanto à abordagem institucional psicanalítica dessas crianças severamente perturbadas: o trabalho realizado por Bruno Bettelheim na Escola Ortogênica de Chicago (1947-1973), mencionado acima, a posposta de Maud Mannoni em Bonneuil, França (1969), a partir da noção de instituição explodida, a criação de L'Antenne 110 de Bruselas (1974), a clínica entre vários (Di Ciaccia) e a clínica do cotidiano (Di Marco & Favre).

É preciso levar em conta que esses modelos institucionais são de meados do século passado. Quais são as possíveis relações entre as formas de tratamento baseadas nesses modelos institucionais e a abordagem terapêutica colocado nesta tese? Quais são os pontos em comum e quais suas diferenças?

Embora concordemos com Bettelheim a respeito da necessidade de oferecer à criança severamente perturbada um determinado ambiente que lhe permita sair do seu isolamento, achamos que isso não pode ser realizado sem a presença dos seus próprios pais e outros significativos. Evitando culpabilizá-los, o objetivo é tentar integrá-los nos movimentos educacionais e terapêuticos da instituição. Concordamos com as diretrizes da instituição explodida de Mannoni, que têm como ponto de contato a abertura da instituição para o exterior, promovendo a integração que, com a Escola de Battelheim, não era alcançada.

Todavia, é preciso levar em conta que as regras institucionais (Kaës, 2022) são também úteis para o desenvolvimento do psiquismo. Para compreendermos a particularidade do marco de tratamento de que os casos apresentados nesta tese fazem parte, iremos desenvolver brevemente as características do trabalho no CET.

Quando as crianças chegam encaminhadas para a instituição, normalmente já percorreram um longo caminho de consultas profissionais por conta dos transtornos no desenvolvimento, problemas de comunicação, dificuldades para incorporar alimentos ou controlar esfíncteres etc. Em alguns casos, os jovens já deram seu primeiro passo no caminho da educação tradicional, e a escola ou o jardim de infância os encaminha porque não conseguem sustentar sua participação nas aulas, indicando que não respondem às consignas, são agressivo/as, não se comunicam verbalmente etc. As dificuldades das instituições educacionais na hora de incorporar esses jovens acabam com um encaminhamento para o CET, que os recebe quando eles estão com 4 anos ou mais (quando eles são enviados através do encaminhamento por parte da escola ou o médico psiquiatra). O objetivo do CET é proporcionar às crianças um espaço para a construção dou se próprio EU e o reconhecimento do outro, ou seja, que possam ir diferenciando dentro/fora, eu/não-eu, endogamia/exogamia, o proibido/o permitido, o íntimo, o privado e o público.

Como já mencionado, a perspectiva de trabalho é psicanalítica, e isso é visível em todas as atividades da instituição, já que a criança é reconhecida como sujeito, e se apela à psicanálise para todas as intervenções, por meio da escuta. No CET se trabalha através da delimitação de espaços diferenciados, em diferentes salas onde são realizadas atividades coordenadas por psicólogos, psicomotricistas, musicoterapeutas, terapeutas ocupacionais, fonoaudiólogos e professores de ginástica. Os horários e as atividades são determinados de acordo com as características dos jovens e os objetivos colocados para um determinado período de tempo. De manhã, os espaços são fixos e se trabalha sempre na mesma sala, nos mesmos horários, e com o mesmo profissional responsável. Durante a tarde, são realizadas oficinas de cozinha, teatro, títeres, habilidades sociais, aprendizagem de leitura e escritura, atividades manuais, jardinagem etc. Essas oficinas são móveis, não fixas, e respondem à necessidade e à forma como cada criança se vincula com o espaço. Embora de manhã os jovens sejam designados para participar em determinadas salas todos os dias da semana, os profissionais são flexíveis na hora de considerar situações particulares (por exemplo, que um deles compartilhe atividades com outra sala). No CET convivem os objetivos educacionais e terapêuticos logo no início, ou seja, desde sua determinação e seus objetivos, o qual supõe a passagem pela tensão que poderia decorrer da tarefa diária entre os dois tipos de objetivos. Achamos que todos os espaços e oficinas da instituição representam uma intervenção educacional e também clínica. As intervenções educacionais têm como objetivo uma aprendizagem constante e a possibilidade de acessar às diferentes fases da constituição subjetiva. A organização sucessiva de diferentes objetivos, que podem ir desde o controle de esfíncteres, a aquisição da palavra, a possibilidade de se aprender a ler e escrever, vai estruturando as crianças na sua constituição subjetiva, evidenciando o pulo qualitativo desde sua entrada à instituição. Poder aprender, incorporar pautas e conhecimentos, se apropriar da sua intencionalidade para a realização de alguma atividade, por muito pequena que fosse, são causa e também consequência do processo de constituição subjetiva. Em efeito, consideramos que aqui está operando a recursividade, posto que ambas as questões se retroalimentam e não é possível diferenciar qual seria a causa e qual o efeito: se a constituição yoica progressiva permite a aquisição de costumes, e/ou se esses costumes vão também modelando o próprio Eu. Por outro lado, é preciso salientar que todas as intervenções educacionais têm uma base terapêutica, que é a que prevalece. Não só porque achamos que a constituição subjetiva é enriquecida por essas intervenções.

A noção de recursividade, colocada pela matemática, foi retomada pela teoria da Complexidade para indicar aqueles processos que são implicados na própria definição de um problema, e onde não é possível definir uma causa ou consequência unidirecional, pois as consequências agem sobre as causas e vice-versa (Morin, 1997).

A ação de toda a instituição está orientada pelo marco conceitual psicanalítico, que considera a criança na sua singularidade e prioriza essa leitura acima dos objetivos educacionais. O dispositivo deve ser pensado em cada caso: não existem objetivos comuns a todas as crianças de uma determinada sala, como em uma escola comum, mas se trata de uma intervenção para cada uma das crianças dependendo das suas possibilidades e suas reações na própria tarefa. A importância do trabalho na singularidade é uma aposta ética. Não é sobre uma aprendizagem simplesmente comportamental, através da qual a criança "faz caso" e interioriza as indicações sobre os objetivos tão diferentes, como o controle de esfíncteres ou a leito escritura, entre outras. Não é sobre a repetição constante de indicações vazias que podem estar alinhadas com a submissão ou a "domesticação", com propostas que não veiculam formas de se fazer algo com aquilo que irrompe, que está fora do controlo da consciência, gerando mais violência, desborde e desestruturação. A partir da psicanálise, propomos uma clínica diferencial de outras correntes, nas quais a subjetividade e a dimensão processual necessária para essas modificações sejam levadas em conta.

Então, o CET é proposto como um dispositivo psicanalítico que convoca a família e as crianças em relação com seus pares, para irmos gerando mudanças paulatinas.

As funções do CET podem ser consideradas a partir de diferentes vias:

- A instituição como marco-corrente: Essa função, conforme o pensamento do Bion (1996), se dá como um processo de transformação através do qual sensações e emoções primárias se tornam pensáveis, as evacuações podem ser contidas, fornecendo uma significação.
- A instituição como marco-envelope: homologando a descrição que o D. Anzieu (1987) faz nas nove funções do Eu-pele, iremos tomar as quatro primeiras: função de manutenção do psiquismo, função do suporte recipiente, função de proteção antiestímulo e função de individualização.
- A instituição como campo: acho que o conceito de campo, tal como pensado por W. e M. Baranger (1969) é de grande importância para ser aplicado no enquadre institucional, onde o baluarte de cada criança é gerado. Entendo como baluarte o "abrigo inconsciente de poderosas fantasias de omnipotência". Essas poderosas fantasias limitam a dinâmica da cura porque, se colocadas em cena, a criança sente uma grande desproteção e vulnerabilidade, fazendo com que a repetição de determinados comportamentos seja monótona e paralisante.
- A instituição como ponte: a ideia de "criar pontes" faz referência, entre outras variáveis, a essa construção necessária para tirar essas crianças da finitude onde eles estão, por parte de uma história familiar. Essas histórias familiares contêm núcleos tanáticos que foram deixados fora do comércio associativo inter e intrafamiliar, e que são encarnados por essas crianças. Sem a construção dessas pontes, que permitem juntar partes espalhadas da história, são impossibilitados de entrar em uma dimensão temporal, não podendo renovar o pacto de vida com o gênero humano e ficando excluídos

do circuito de troca simbólica e ordem geracional. Como indicado por Ferenczi (1997) no Diário Clínico: Se eu acreditar nas declarações dos meus pacientes, que comentam tais estados (estar fora de si), esse ter "partido" não é necessariamente um não-ser, mas apenas "não estar lá". Mas, então... onde? Descobrimos que eles foram embora, longe do universo, avoam com grande rapidez entre os astros, se sentem tão magros que até passam, sem se deparar com obstáculos, através de sustâncias mais densas, lá onde não há tempo. Passado, pressente e futuro se tornam pressente simultaneamente, em uma palavra, e eles têm a impressão de ter ultrapassado espaço e tempo.

Referências

Bettelheim, B. (2013). *La fortaleza vacía*. Paidós.

Fabre, A.; & Di Marco, R. (2016). *Variantes de la cura en los dispositivos institucionales*. Letra viva.

Ferenczi, S. (1997). *Diarios clínicos*. Conjetural.

Tewel, C. y otros (2007). *Psicosis y autismo infantil*. Letra viva.

Tewel, C. (2013). *La constitución del yo en niños/as severamente perturbados*. Vergara.

5. Projeto Travessia: estratégias inventivas e responsabilidade social

Maria Teresa Naylor Rocha, Sonia Verjovsky de Almeida e André Luiz Alexandre do Vale

Vida precária

Numa sociedade caracterizada pela precariedade, há uma situação de perda dos objetos sociais – emprego, dinheiro, moradia, formação, diplomas, bens etc. –, os quais funcionam como fonte de segurança e mediação num lugar e tempo determinado, comprometendo as funções de espelhamento e de diferenciação no nível individual e coletivo. Na resposta extrema ao desamparo social, a perda de ânimo tende a se transformar em desespero e desalento, cuja expressão prescinde da palavra, manifestando-se como perda do poder de ação sobre o presente e o futuro, com sinais defensivos de dessocialização e processos de autoexclusão (Furtos, 2012).

Estamos diante de um paradigma da precariedade da vida. Essa é uma questão central no pensamento da filósofa Judith Butler (2015), sendo uma categoria chave para entender os processos de subjetivação. Sua concepção da precariedade é muito próxima do entendimento freudiano a respeito do desamparo. Segundo ela, todos os corpos são precários, no sentido de que somos sempre fundamentalmente interdependentes de muitas formas diferentes. Dependemos de redes de outros corpos, das instituições, do meio ambiente, da tecnologia – eles fornecem as estruturas de suporte necessárias que permitem que vivamos. Não podemos prescindir dessas redes das quais dependemos. Entramos na vida dependentes de cuidadores e seguimos assim até o final.

A precariedade é uma condição compartilhada que diz respeito a todos. Somos uma coleção de corpos interdependentes que compartilha condições de vida e vulnerabilidades semelhantes, mas não iguais. De fato, a distribuição diferencial de precariedades é a principal consequência da política neoliberal a que estamos submetidos, que favorece a construção de um mundo excessivamente individualista, competitivo e desconectado, que lança à margem grande parcela da população.

Todos nós precisamos de assistência médica, de educação, de moradia, de emprego, de não ser agredidos nas ruas, de não sofrer preconceito nem discriminação. No entanto, alguns grupos estão mais submetidos a diferentes precariedades do que outros. Aqueles que são mais precários, tidos como descartáveis, não reconhecidos e considerados menos humanos têm suas vidas invisibilizadas, têm negado seu direito de aparecer, de serem vistos, ouvidos, tratados como participantes plenos da esfera pública. São submetidos a uma política *aparthaidista* de "guetificação" que os segrega e discrimina. Entretanto, identificar populações mais suscetíveis ao poder, ao perigo e à morte não deve nos levar a naturalizar essas posições.

A questão que se coloca é: reconhecemos ou não a nossa precariedade e a precariedade dos outros? Ajudamos ou não os outros em suas necessidades básicas? Precisamos lutar para organizar o mundo em torno do reconhecimento destas desigualdades que comprometem, por um lado, a qualidade dos vínculos no tecido social e, por outro, precarizam a organização narcísica, a rede identificatória, instituem desesperança, vazio e desorganização psíquica.

O desamparo originário

Os sujeitos que experimentam situações extremas nessa esfera são acometidos pela dor da existência, muitas vezes acompanhada de humilhação, desprezo social ou indiferença. Diante do estado inescapável do desamparo humano, desamparo originário, o reconhecimento do outro será sempre um aporte essencial, e sua falta promoverá a exacerbação deletéria desse vivido subjetivo.

Encontramos na base do pensamento freudiano a noção do desamparo infantil e a busca de satisfação como constitutivos da subjetividade. Freud (1950[1895]/1996) pontua que, nos primórdios da vida, o corpo impõe necessidades que o bebê não tem como responder integralmente por si só, exigindo uma ação específica do ambiente para serem satisfeitas. Será nas vicissitudes dessas primeiras experiências vividas no corpo a corpo que se situa a inscrição da pulsão, que provoca um deslizamento que muda o rumo das necessidades. Tais inscrições iniciais se mantêm permanentes e com potencial inesgotável para a realização de novas inscrições ao longo de toda a vida do sujeito.

Essas experiências precoces são modeladas pela fantasia e pela qualidade das trocas sensoriais compartilhadas. Nesse sentido, a intersubjetividade é o encontro de um sujeito, animado pelas pulsões e por uma vida psíquica inconsciente, com um objeto que é também outro sujeito, animado pela vida pulsional e por seu inconsciente. O processo de subjetivação envolve o trabalho de criar um vínculo com o objeto, mas que possa se diferenciar dele. Se, por um lado, terá que haver uma sintonia fina necessária ao espelhamento, por outro, terá também que se preservar a diferença para que não haja uma ocupação narcísica (Roussillon, 2004).

Ao compreendermos o infantil como fundamentalmente marcado pela sua inter-relação constante entre movimentos narcísicos e alteritários, temos que passar a refletir sobre os agentes da ação específica de satisfação. O circuito social curto da primeira infância dependerá de contenção para as funções parentais servirem de espelho e também de acesso ao diferente. No processo, o circuito se estende para múltiplas interações da ordem social mais ampla, responsável pela construção de uma rede densa de identificações, introjeções e diferenciações, responsáveis por diferentes graus de saúde individual e coletiva.

Esses dispositivos sociais – em curta e em larga escala – exercem funções de espelhamento e de diferenciação necessários à construção de sujeitos singulares com possibilidade de vida coletiva responsável. Em circunstâncias em que essas funções de espelhamento e diferenciação são negadas, o sujeito fica à deriva e excluído da cena social que pressupõe, no mundo interno deles, um obstáculo importante na realização do trabalho psíquico.

As desigualdades são desiguais

Tomamos a experiência traumática da pandemia, que deflagrou uma crise global cujos efeitos são sentidos até hoje. Como pontua Benilton Bezerra Jr. (2020), a pandemia de Covid-19 escancarou a natureza profundamente cruel, injusta e absurda do modelo de sociedade que construímos nos últimos séculos, baseado na desigualdade. Ele critica a hegemonia do modelo neoliberal desde a déc. 1980, em que predomina o capitalismo financeiro, que fez com que nossa vida fosse sendo regulada a partir de uma pauta de consumo desenfreado. Consumir objetos, produtos e identidades virou a maneira de nos reconhecermos como indivíduos que merecem o reconhecimento do outro.

Apesar dos avanços tecnocientíficos alcançados pela humanidade nas últimas décadas, pouco conseguimos fazer em relação às grandes desigualdades sociais produzidas por nossas sociedades, que continuamente desrespeitam as diferenças de muitos semelhantes. O tempo atual é marcado pelos enormes desafios na esfera pessoal e coletiva no enfrentamento do impacto de ameaças globais impostas pela política neoliberal baseada na ação predatória da natureza e onde a democracia é "comida pelas beiras". Ainda não sabemos quais os efeitos deletérios que provocarão na construção das subjetividades e da ordem política e econômica no tempo pós-pandemia.

No que concerne à realidade brasileira, o coronavírus veio para acentuar as desigualdades sociais, historicamente presentes no Brasil. A pandemia virótica de contaminação democrática é indiferente, ataca a todos, mas as formas e os recursos para se lidar com ela são profundamente desiguais. A desigualdade econômica, marcada pela enorme concentração de renda nas mãos de poucos no Brasil, tem consequências, porque reflete no tipo de acesso à saúde, no tipo de educação que se tem, no acesso à cultura, às formas de ver o mundo, nas condições de trabalho, no ambiente físico em que se vive, no tipo de reconhecimento e visibilidade sociais.

Mesmo as desigualdades são desiguais e se entrelaçam: homens x mulheres; mulher branca x mulher negra; mulher negra heteronormativa x mulher negra trans; mulher negra trans com oportunidade de trabalho de carteira assinada x mulher negra trans profissional do sexo. Não há, portanto, apenas uma desigualdade econômica, mas uma tapeçaria de desigualdades que, no Brasil especialmente, ainda permanece à margem do debate político.

A realidade da pandemia acentuou a precariedade da vida que nos subjaz, atingindo desigualmente as populações mais vulneráveis. Diante disso, houve reativação radical da situação de desamparo. Se, em determinadas situações marcadas pelo desamparo, nós choramos, tememos, mas sabemos que podemos aceder às instâncias de proteção alteritárias (seja o Estado, sejam as instâncias sanitárias, sejam nossos familiares ou amigos); na experiência radical que a pandemia nos coloca, vivemos essa experiência desastrosa de fragilidade e vulnerabilidade sem poder aceder a essas proteções. Estamos mais vulnerabilizados ainda do que quando éramos desamparados, porque nessa condição não encontramos a "ajuda mútua" (*nebenmensch*), a alteridade protetora e cuidadora.

Nesse contexto turbulento, em que fomos brutalmente confrontados com nossa própria finitude de maneira inequívoca, como continuar a exercer nosso ofício de psicanalistas? Quando nós também nos deparamos com nossa própria vulnerabilidade, como sustentar um espaço de escuta do outro? Somente através do fortalecimento dos laços sociais que nos unem e da aposta na criação de um espaço acolhedor pudemos promover travessias à vulnerabilidade através do uso fértil dos dispositivos de escuta psicanalítica, com base nos movimentos transferenciais e contratransferenciais, para promover narrativas de cuidado compartilhadas. Foi preciso apostar e fortalecer cada vez mais o contato com a vida, com as forças de ligação de Eros em nosso psiquismo. Foi nesses referenciais que buscamos realizar o trabalho do PROJETO TRAVESSIA da SBPRJ.

A travessia do Travessia: criações lúdicas frente à precariedade

Nessas práticas, como as que realizamos no TRAVESSIA, pensamos a psicanálise em sua dimensão clínica, que está para além da função terapêutica primeira e, por conta disso, possui um caráter político e que deve ser pensada nos nossos Institutos de Formação. A partir de nossa experiência de 20 anos de atividades com o TRAVESSIA, podemos afirmar que o trabalho psicanalítico realizado em *settings* diversos tem sido feito dentro do rigor conceitual necessário e de responsabilidade social (*social accountability*) de nossas instituições. Nessa perspectiva, podemos nos valer da postura de pensar a psicanálise em seu referencial da complexidade, ultrapassando os limites organizados em torno das Escolas. Trabalhamos com diferentes populações vulneradas que nos convocaram a adaptar nossa metodologia de acordo com a especificidade do trabalho desenvolvido.

As oficinas do TRAVESSIA almejam criar um espaço lúdico, em que o contínuo fluxo de pensamentos e sentimentos possa estar suscetível a ser reestruturado, ao ser novamente experimentado no contexto de cada novo encontro (Ogden, 2013). Nesse espaço lúdico, situado entre as experiências de ilusão e desilusão, o sujeito interage e diferencia a fantasia da realidade, tornando-se capaz de se comunicar consigo mesmo e com o mundo (Winnicott, 1975). Através do brincar, existe algo mais em jogo que transcende as necessidades imediatas da vida e confere um sentido à ação (Huizinga, 2000). A promoção intrínseca de prazer no brincar desperta a curiosidade, exercita a potência e cria um estado de encantamento (Bachelard, 1988). Nesse processo, a instalação de ritmos nas narrativas serve de apoio às emoções e às experiências dos sujeitos (Petit, 2009).

Essa qualidade de brincar e de jogar em ritmos próprios ou coletivos encontra no fenômeno artístico um potente suporte provocativo. A ampliação do exercício da clínica diante de situações relativas à violência do desamparo social, pela complexidade dos fatores envolvidos, exige um trabalho que comporte em seu interior um princípio de incompletude e incerteza. Nesse sentido, articulamos ao método clínico da psicanálise os recursos oriundos da arte-educação como elementos provocadores de multiplicação de línguas e linguagens. A arte, como fenômeno comprometido com múltiplos sentidos e comportando pensamentos divergentes, possibilita acelerar o processo de contato com sensações, pensamentos e sentimentos recalcados e visa ao desenvolvimento da percepção e da imaginação do sujeito frente a si mesmo e ao mundo.

Nas oficinas, todo trabalho expressivo – comunicação em palavras, ocupação espacial do local de trabalho, sequência das atividades – foi pensado nesse sentido. Precisávamos acolher as angústias resultantes das diferentes vivências trazidas pelos participantes, possibilitar transformações e novas identificações. Através do estímulo à criação de uma nova forma de ver o mundo e de pensar a relação de tempo e espaço afeita a confundir as fronteiras de produtor e produto, objeto e representação, causa e efeito, pudemos ter nas artes um potente aliado de simbolização por seu efeito provocador, que comporta múltiplas interpretações, criando sentidos compartilhados.

Processos inconscientes e atividades criativas se interpenetram, movimentam-se os eixos imaginários que fixam a realidade conhecida, lançando-nos em lugares múltiplos de nós mesmos, nos quais cada um pode encontrar o outro e encontrar-se como outro (Rivera, 2018). Abre-se a oportunidade de suspensão daquilo que já não dá conta de definir a nós mesmos, se oferecendo a oportunidade de intervir ativamente na experiência de si próprio e na percepção do mundo.

No suporte continente da equipe, do grupo e do ambiente, a permanência das produções coletivas compôs o espaço das oficinas propício ao fluxo de pensamentos e sentimentos no contexto de cada novo encontro. Para tanto, colocamo-nos à disposição para novos enlaces objetais que potencializam nossos encontros, com a aposta de que a reverberação da experiência de cada ciclo de oficinas possa se juntar aos grupos subsequentes e promover transformações pessoais e no espaço relacional dos participantes. Não esperamos, portanto, que as transformações se restrinjam às oficinas, mas se espalhem no processo de construção de uma rede de trabalho psíquico, podendo progressivamente se expandir. É o tempo da Travessia.

Singularidades da intervenção clínica na pandemia

Em março de 2020, estávamos nos preparando para a retomada das atividades com os educadores da rede municipal de educação, com quem vínhamos trabalhando continuamente desde 2016, quando fomos surpreendidos com a pandemia do Covid-19. Diante do cenário da pandemia, como estariam neste momento? Tivemos que nos (re) inventar para enfrentar a impossibilidade do trabalho presencial e para lidar com a constante ameaça à vida veiculada por um vírus invisível. A equipe do TRAVESSIA estava unida à ideia de dar nova forma aos encontros, por via remota, na esperança de que, nos oferecendo como continente no momento de incertezas, faríamos diferença.

Pensamos na referência original dos grupos realizados presencialmente e dividimos a equipe em quatro grupos, com três coordenadores cada, incluindo profissionais e estagiários em sua configuração. Propusemos, naquele momento, quatro encontros a serem realizados semanalmente durante uma hora e meia, via plataforma Zoom, concedida ao TRAVESSIA pela SBPRJ. Houve uma modesta, porém consistente, adesão à proposta.

Naquele momento, não imaginávamos que ficaríamos tanto tempo em distanciamento social. Na medida em que as semanas se seguiram, ao se aproximar o prazo limite dos quatro encontros, nos foi solicitada pelos educadores a continuidade da proposta, a partir do entendimento deles sobre a importância do trabalho. Com muita satisfação e animados pelo reconhecimento, mantivemos semanalmente esses encontros com os quatro grupos atuantes durante o restante do ano, aos quais foram acrescidos ainda outros educadores, convidados pelos participantes iniciais.

Nesses pequenos grupos, dentro dessa visada geral, procurou-se oferecer aos educadores uma perspectiva ampliada de cuidado, em uma situação que se dá em uma modalidade coletivizada de encontros semanais, através dos quais se busca ampliar o espaço de fala de cada um, individualmente, com destaque, porém, às problemáticas que vêm se revelando marcantes no cotidiano atual desses sujeitos, na situação de distanciamento social em que se encontram, em função da pandemia.

É interessante notar como, do ponto de vista das relações profissionais, opera-se importante esfera de identificação entre eles. O fato de as escolas terem sido fechadas desde março não resultou em ausência ou estancamento de atenção ou preocupação e encargos ligados ao trabalho. Há diversidade no tipo de moradia de cada um dos participantes desses grupos, suas configurações familiares são diversas em certos aspectos, caracterizando algumas diferenças contextuais.

Essa ordem de questões e de seu cotidiano, em detalhes, está sempre muito presente nas conversações exercidas nos encontros dos grupos, assim como aquelas questões que dizem respeito a uma dimensão mais diretamente política e de seu papel enquanto educadores e dos elementos problemáticos ligados à esfera escolar.

É sempre abordada, de diferentes modos, a repercussão, em vários níveis, da situação da pandemia e da interrupção da rotina escolar, pontos de partida nas conversações que têm lugar nos encontros com os coordenadores dos grupos. Porém, através de várias formas de impulsão de fala, de troca entre os participantes do grupo – recursos de natureza sensória com trabalhos de incidência diretamente corporal, recursos associativos por meio de jogos de palavras, recursos que utilizam também meios figurativos, imagéticos, que estimulam a criatividade, dentre outros –, procura-se explorar práticas de compartilhamento entre pares, estimulando um processo de narrativa coletiva em que o plano individual está presente, mas sempre dentro de uma perspectiva remetida à inserção de cada sujeito nos grupos, não somente nestes grupos específicos, mas, principalmente, no que isso remete à ideia de pertencimento, em particular, no universo do trabalho exercido no campo da educação, e, mais especificamente ainda, nas escolas do ensino público básico, envolvendo, portanto, uma determinada população e entorno.

Este trabalho seguiu sem interrupções ao longo de 2020, no auge da pandemia e das dificuldades impostas pelo isolamento social. Durante 2021 ainda mantivemos alguns grupos com os participantes que desejavam permanecer, mas a progressiva retomada das atividades de trabalho deles, adaptadas ao contexto pandêmico, foi inviabilizando a permanência no TRAVESSIA. Nesse contexto, trazer nossa experiência durante a pandemia permanece relevante e pertinente por ser uma ilustração profícua de toda a complexidade envolvida no exercício da psicanálise que atua em territórios vulnerados, marcados pela precariedade – tanto das dificuldades enfrentadas como das potências criativas que o espaço analítico promove.

Sofremos globalmente com o escancaramento da precarização de todos, mas também com a consciência da profunda desigualdade na luta pela sobrevivência. O decreto do fim da pandemia não acabou com seus efeitos, que continuarão sendo sentidos por todos ainda por tempo indeterminado. O Covid-19 trouxe consequências que continuam a nos exigir muito, mas também possibilitou aprendermos forçosamente na "carne" o valor de pensar coletivamente e reforçou em nós a convicção de que a psicanálise pode ter um grande papel no processo diante dessa crise sanitária e fundamentalmente civilizatória. As práticas em tempos da pandemia nos trouxeram à consciência a urgência de repensarmos as bases da formação de nossos Institutos de Formação.

Neste período, interessados em aprofundar a pesquisa neste campo de práticas psicanalíticas *off the couch*, nos agrupamos em torno do Grupo de Estudos Psicanalistas na Comunidade, ligado ao Departamento de Comunidade e Cultura da Fepal. Nele, temos tido a oportunidade de troca com variadas experiências de colegas da América Latina, da África, do Oriente Médio e da Europa.

Tempos turbulentos, tempos de criação

Nesse tempo de ameaça civilizatória temos que ser, mais do que nunca, criativos. Em nossa trajetória, as práticas fora do consultório desafiaram nossas ferramentas conceituais, estimularam o diálogo com outros saberes e a criação de diferentes dispositivos em resposta aos adoecimentos contemporâneos. Podemos considerar que são práticas inovadoras, mas não inéditas no movimento psicanalítico, posto que Freud no final da década de 1910 já apontava esse caminho, que impactou toda a 1ª e 2ª gerações de psicanalistas em termos de os levarem ao campo social (Danto, 2019).

A história é feita de movimentos de recuos e avanços, mas nesse percurso não se apagam experiências, fatos e desejos. Por conta disso, muitos psicanalistas mantiveram a tocha progressista acesa e continuaram a criar inúmeras iniciativas de práticas em cenários distintos daquele consagrado como padrão. Essas práticas atendem a miséria do mundo contemporâneo, mais do que nunca acentuada pela atual crise sanitária que expõe o colapso de um modelo individualista de sociedade. Tais práticas sobreviveram, apesar de mal vistas, toleradas e/ou difamadas como práticas desviantes e de pouco rigor conceitual. Apesar disso, criar alternativas de práticas não é o mesmo que abrir mão do rigor conceitual ético e de responsabilidade social (*social accountability*) de nossas instituições.

Nos últimos anos, o vento progressista abriu espaço para a possibilidade de mudanças internas na IPA, que incluem a atual valorização de trabalhos *off the couch*, tal como o Projeto TRAVESSIA, que teve o reconhecimento da instituição ao ser premiado na primeira edição do prêmio IPA na Comunidade em 2019.

Diante dos desafios decorrentes das enormes desigualdades, em que a precariedade da condição humana se soma a graus obscenos de vulnerabilidade, forjando os adoecimentos contemporâneos, a psicanálise tem muito a contribuir, especialmente se não se deixar apequenar pela fixidez única de seu enquadre. Para isso, será necessário que essa discussão chegue aos Institutos de Formação de nossas instituições através da experiência de muitos trabalhos psicanalíticos mantidos à margem dos processos de transmissão. Seria uma retomada das indicações do próprio Freud (1919/2010).

Nas últimas décadas, a sólida compreensão dos fenômenos intrapsíquicos possibilitou termos uma espécie de enquadre interno psicanalítico que nos permite pensar nossa prática em diferentes espaços. Isso nos permite alargar as práticas e as teorias para dar conta das variadas formas de subjetivação, desde as formas sexualmente não heteronormativas, passando pela carência dos objetos sociais e pelo desenraizamento por deslocamentos forçados, chegando até o impacto político e econômico que aparta grande parte da população do sentimento de pertencimento ao grupo humano.

Já passou da hora de as instituições psicanalíticas despertarem diante da urgência e da consciência da necessidade e começarem a viver essas preocupações, já explícitas por Freud há 100 anos, no coração dos Institutos de Formação. Dessa forma, poderemos pensar na institucionalização de uma mentalidade diversa do fazer psicanalítico. Acreditamos que, desse modo, nossas instituições psicanalíticas contarão com maior flexibilidade de dispositivos, visando a ampliar sua atuação junto ao poder público para formulação e aplicação dos programas de saúde, especialmente os de saúde mental.

Assim, poderemos ter uma formação de analistas que possam responder às demandas dos adoecimentos e sofrimentos contemporâneos através de um maior leque de opções de enquadre. Estaremos reforçando em nossas instituições a atenção aos movimentos culturais e o comprometimento com a promoção de saúde, em seu sentido amplo, nos níveis curativo, preventivo e de promoção de saúde mental da população.

A partir do momento que reconhecemos as relações de interdependência que nos constituem, baseada na dimensão de desamparo que nos coloca a todos em uma condição de precariedade, precisamos fomentar a possibilidade de se criar redes de contato, cuidado e amparo mútuo. A psicanálise tem muito a contribuir para esta discussão.

Referências

Bachelard, G. (1988). *A poética do devaneio*. Martins Fontes.

Bezerra Jr., B. (2020). Quem sabe, a hora de mudar de jogo? In J. R. C. Neves (Org.), *O mundo pós-pandemia: reflexões sobre uma nova vida* (pp. 245-254). Nova Fronteira.

Butler, J. (2015). *Notes toward a performative theory of assembly*. Harvard University Press.

Danto, E. A. (2019). *As clínicas públicas de Freud: psicanálise e justiça social, 1918-1938*. Perspectiva.

Freud, S. (1996). Projeto para uma psicologia científica. In S. Freud, *Edição standard brasileira das obras psicológicas completas de Sigmund Freud*: Vol. I (pp. 333-454). Imago. (Trabalho original escrito em 1895 e publicado em 1950).

Freud, S. (2010). Caminhos da terapia psicanalítica. In S. Freud, *Obras completas*: Vol. 14 (pp. 279-292). Cia. das Letras. (Trabalho original publicado em 1919).

Furtos, J. (2012). La clinique psychosociale et la souffrance d'exclusion comme paradigmes des situations extremes. In V. Estellon & F. Marty (Orgs.), *Cliniques de l'extrême* (pp. 265-288). Armand Colin.

Huizinga, J. (2000). *Homo ludens: o jogo como elemento da cultura*. Perspectiva.

Ogden, T. (2013). *Rêverie e interpretação: captando algo humano*. Escuta.

Petit, M. (2009). *A arte de ler ou como resistir à adversidade*. Editora 34.

Rivera, T. (2018). Subverter o cuidado: reflexões e ações entre arte e saúde. *Revista Mesa*, 5, s.p. Recuperado de http://institutomesa.org/RevistaMesa_5/tania-rivera

Roussillon, R. (2004). La dépendance primitive et l'homosexualité primaire « en double ». *Revue Française de Psychanalyse*, 68, 421-439.

Winnicott, D. W. (1975). *O brincar e a realidade*. Imago.

6. Bion visita o SUS: uma experiência em grupos na pandemia

Dionela Pinto Toniolo

Agradeço a todos que tornaram este trabalho possível. À coterapeuta assistente social Alessandra Lenise Machado, à educadora física Anamari Fanti, à coordenação em saúde mental, aos funcionários da Unidade de Saúde Mental Adulto do Município de Cachoeirinha – RS. Enfim, a todos que, como nós, lutaram bravamente na cavalaria, dando respaldo ao front neste ano difícil em que combatemos algo tão poderoso e invisível.

Este trabalho relata a minha experiência como psiquiatra em unidade de ambulatório de saúde mental em serviço público ao retomar a escuta analítica através do atendimento em grupo.

Começo percorrendo uma revisão teórica de autores clássicos como Freud e Bion e relato minha experiência com um grupo de mulheres psicossomáticas. Na prática clínica, além desses autores, surgem conceitos trazidos por autores mais atuais como Zimerman e Neri.

A chegada inesperada da pandemia de Covid-19, trouxe consigo uma série de desafios técnicos para viabilizar o trabalho em grupo sem expor as pacientes a riscos. Inicialmente, fizemos uma tentativa frustrada de retomar o grupo de forma online, que foi recebido pelas pacientes através do suposto básico de luta e fuga (Bion, 1961a). Num segundo momento, surge a ideia de retomada do grupo em espaço aberto, na praça a meia quadra da unidade de saúde, o que é bem recebido e começa a operar como um grupo de trabalho.

Ao longo do trabalho em grupo, vão surgindo uma multiplicidade de fenômenos no campo grupal, a grupoterapeuta se vê impelida a lidar com múltiplos vetores transferenciais e contratransferenciais que formam uma dinâmica muito rápida, quase impossível de ser expressa em palavras.

Introdução

Não sou uma grupoterapeuta experiente, ao contrário, a motivação de escrever este trabalho veio justamente desse fato. O contato teórico e prático que tive com o assunto foi, basicamente, na minha residência em psiquiatria. A ideia de voltar a trabalhar com grupos terapêuticos no serviço público já vem sendo gestada há muitos anos, mas a grande demanda da agenda de psiquiatria clínica muitas vezes acaba "empurrando" o profissional a ser um "apagador de incêndios", impedindo que se promova um trabalho planejado e organizado. A análise pessoal, a entrada na formação analítica e a chegada de novos colegas na unidade foram possibilitando que eu traçasse um plano para, a médio prazo, iniciar o trabalho com grupos. Por uma feliz coincidência, este trabalho se iniciou no ano em que estamos estudando Bion na formação analítica e com uma pessoa e profissional a quem admiro, o Dr Juarez Guedes Cruz. Tive um fator inesperado logo após o início do trabalho, a pandemia de Covid-19, o que não me fez desistir do trabalho, assim como Bion vivenciou a sua experiência em grupos em meio à II Guerra. A pandemia trouxe algumas peculiaridades quanto a modificações de setting e configuração do grupo, como veremos adiante.

Grupos: um breve histórico

Desde a antiguidade, faz-se uso do grupo como ambiente para a "terapia" de diversos distúrbios somáticos e psíquicos. Muitas vezes, tal tratamento era feito dentro de um contexto religioso. Por exemplo, no Asclepeio de Pergamo, no século II d.C., a interpretação de sonhos em grupos pelos sacerdotes de Esculápio (deus romano da medicina e da cura) era um momento fundamental para a escolha das receitas. Era a partir dessas interpretações, que seriam escolhidas as terapias dietéticas, termais e farmacêuticas. O reitor Hélio Aristide deixou um detalhado testemunho deste tipo de cura nos seus *Ieroi Logoi* (Razões Sagradas) (Neri,1995).

A partir de inúmeras experiências e reflexões ocorridas ao longo do tempo, a terapia de grupo foi reconhecida como descendente daquelas primeiras tentativas de utilização do grupo para fins terapêuticos. Entretanto, a psicanálise não procura somente a cura, mas busca também o desenvolvimento acerca do conhecimento da atividade mental do indivíduo e do grupo. Diferentemente das práticas religiosas citadas, a psicanálise não busca "cura" milagrosa submetendo indivíduos a um curandeiro e às crenças e superstições de grupo, mas procura promover um processo de melhora que leva em consideração também a ampliação da consciência e da autonomia do indivíduo (Neri, 1995).

Freud, em seu trabalho *Psicologia de Grupo e Análise do Ego* (1921) inicia nos falando que o contraste entre a psicologia individual e a psicologia social ou de grupo que, à primeira vista, pode parecer pleno de significação, perde grande parte de sua nitidez quando examinado mais de perto. Algo mais está invariavelmente envolvido na vida mental do indivíduo, como um modelo, um objeto, um auxiliar, um oponente, de maneira que, a psicologia individual, nesse sentido ampliado, mas inteiramente justificável das palavras é, ao mesmo tempo, também psicologia social (Freud, 1921).

Para Freud, a psicologia de grupo interessa-se assim pelo indivíduo como membro de uma raça, de uma nação, de uma casta, de uma instituição, ou como parte de uma multidão de pessoas que se organizam em grupo, numa ocasião determinada, para um intuito definido (Freud, 1921).

Freud cita Le Bon para explicar um fenômeno notável que ocorre nos grupos: o surgimento de uma mente grupal. Independentemente de quem forem os indivíduos que compõem o grupo, tomam posse de uma espécie de mente coletiva que os faz sentir, pensar e agir de maneira muito diferente da qual cada membro, tomado individualmente, sentiria, pensaria e agiria caso se encontrasse em estado de isolamento (Le Bon apud Freud, 1921).

Freud acredita que o fenômeno de mente grupal se desenvolva através de três mecanismos. O primeiro seria que, num grupo, o indivíduo é colocado sob condições que lhe permitem arrojar de si as repressões de seus impulsos instintuais inconscientes. As características aparentemente novas que então apresenta são na realidade as manifestações desse inconsciente, no qual tudo o que é mau na mente humana está contido como uma predisposição (Freud, 1921).

A segunda causa é o contágio, que é um fenômeno de origem hipnótica. Num grupo, todo sentimento e todo ato são contagiosos, e contagiosos em tal grau, que o indivíduo prontamente sacrifica seu interesse pessoal ao interesse coletivo. Trata-se de aptidão bastante contrária à sua natureza e da qual um homem dificilmente é capaz, exceto quando faz parte de um grupo (Freud, 1921).

Uma terceira causa, que Freud considera a mais importante, determina nos indivíduos de um grupo características especiais que são, às vezes inteiramente contrárias às presentes no indivíduo isolado. Seria a sugestionabilidade, da qual o contágio acima mencionado não é mais que um efeito (Freud, 1921).

Em seu trabalho, Freud também cita McDougall, que classifica os grupos em diferentes níveis de organização. Indo do 'grupo' totalmente desorganizado, que seria uma espécie de multidão até os organizados. Nestes, McDougall considera que o fator mais importante para tal organização é a "exaltação ou intensificação de cada emoção", maneira pela qual os indivíduos são assim arrastados para um impulso comum, através do que chama 'princípio da indução direta da emoção por via da reação simpática primitiva', ou seja, através do contágio emocional já mencionado (McDougall apud Freud, 1921).

Freud cita dois exemplos de grupos altamente organizados, permanentes e artificiais – as Igrejas e os exércitos. Numa Igreja (Freud toma como exemplo a Igreja Católica), bem como num exército, por mais diferentes que possam parecer em outros aspectos, prevalece a ilusão de que há um cabeça – na Igreja Católica, Cristo; num exército, o comandante-chefe – que ama todos os indivíduos do grupo com um amor igual. Tudo depende dessa ilusão; se ela tivesse de ser abandonada, então tanto a Igreja como o exército se dissolveriam, até onde a força externa lhe permitisse fazê-lo. Os crentes chamam-se a si mesmos de irmãos em Cristo, isto é, irmãos através do amor que Cristo tem por eles. Não há dúvida que o laço que une cada indivíduo a Cristo é também a causa do laço que os une uns aos outros. A mesma coisa se aplica ao exército. O comandante-chefe é um pai que ama todos os soldados igualmente e, por essa razão, eles são camaradas entre si. O exército difere estruturalmente da Igreja por compor-se de uma série de tais grupos (Freud, 1921).

Freud diz que é de notar que nesses dois grupos artificiais, cada indivíduo está ligado por laços libidinais por um lado ao líder (Cristo, o comandante-chefe) e, por outro, aos demais membros do grupo. E, se cada indivíduo está preso em duas direções por um laço emocional tão intenso, não encontraremos dificuldade em atribuir a essa situação a limitação de liberdade do indivíduo no grupo (Freud, 1921).

Por outro lado, se surge o pânico, especialmente no grupo de militares, ele se desintegra. As ordens dadas pelos superiores não são mais atendidas e cada indivíduo passa a se preocupar consigo próprio, sem qualquer consideração pelos outros. Os laços mútuos deixam de existir e libera-se um medo gigantesco e insensato (Freud, 1921).

Freud dá grande ênfase ao fenômeno da identificação como mecanismo operante nos grupos. A psicanálise conhece a identificação como a mais antiga ligação afetiva a uma outra pessoa. Em segundo lugar, por via regressiva, a identificação se torna o substituto para uma ligação objetal libidinosa, como que através da introjeção do objeto no Eu e, em terceiro, ela pode surgir a qualquer nova percepção de algo em comum com uma pessoa que não é objeto dos instintos sexuais. Quanto mais significativo esse algo em comum, mais bem-sucedida deverá ser essa identificação parcial, correspondendo assim ao início de uma nova ligação (Freud, 1921).

Bion é outro autor que se destaca na temática das grupoterapias, não só por suas contribuições teóricas originais, mas, porque diferentemente de Freud, teve vivência importante na prática com grupos terapêuticos. Suas principais ideias neste tema estão em seu livro *Experiências com Grupos* (Bion, 1961a).

Em plena vigência da Segunda Guerra Mundial, os distúrbios emocionais se constituíam visivelmente como a causa mais importante da inativação dos militares. Bion, ao retornar à atividade militar em 1940, observou que, no serviço de terapia do hospital em que ele operava, existia um equilíbrio na "insegurança", uma espécie de conluio inconsciente entre pacientes, o corpo médico e a instituição hospitalar. Por outro lado, o exército precisava aumentar muito o seu quadro de oficiais e, era tão grande o número de candidatos, que se impunha um método mais adequado de seleção (Zimerman, 2000).

Desse modo, ocorreu a Bion a ideia de utilizar o recurso grupal. No tocante ao projeto de readaptação dos militares estressados, Bion executou no hospital militar um plano de reuniões coletivas, nas quais se discutiam os problemas comuns a todos e se estabeleciam programas de exercícios e atividades. Ele se reunia diariamente numa sala com 15 pacientes e promovia uma discussão grupal, com o objetivo precípuo de readaptá-los à vida militar ou então julgar se eles eram capazes de voltar ativamente a essa vida. Um fruto visível desse trabalho grupal foi o de que Bion conseguiu restabelecer a disciplina e manter uma ocupação útil dos seus homens e, com isso, constituiu-se um verdadeiro "espírito de grupo". Por razões que nunca ficaram bem esclarecidas (a mais provável é a de que a cúpula dos oficiais superiores teria ficado alarmada com a mudança do clima do hospital), essa experiência durou apenas seis semanas (Zimerman, 2000).

Em relação à seleção de oficiais, Bion deixou de lado o modo habitual de priorizar as qualidades militares dos postulantes ao oficialato e propôs a técnica de "grupo sem líder". A mesma consistia na proposição de uma tarefa aos candidatos, como, por exemplo, a construção de uma ponte, enquanto os observadores especializados observavam não a capacidade de como cada um deles construiria uma ponte, mas sim a aptidão do homem em estabelecer inter-relacionamentos, em enfrentar as tensões geradas nele e nos demais, pelo medo do fracasso da tarefa do grupo e o desejo do êxito pessoal (Zimerman, 2000).

No início de 1948, a Comissão Profissional da Clínica Tavistock solicita que Bion organize grupos terapêuticos empregando sua própria técnica (Bion, 1961a).

Bion introduz uma série de conceitos novos à psicanálise, em parte por se tratar de um assunto diferente até então e, em parte, por desejar ver se um começo não perturbado por teorias anteriores poderia conduzir a um ponto em que suas opiniões sobre o grupo e as opiniões psicanalíticas sobre o indivíduo poderiam ser comparadas e, por isso, julgadas complementares ou divergentes (Bion, 1961a).

Bion concorda com Freud no fato de que o grupo adquire uma unanimidade de pensamento e de objetivo, transcendendo aos indivíduos e se instituindo como uma entidade à parte. Chamou este fenômeno de mentalidade grupal (Bion, 1961a).

Afirma que todo grupo propriamente dito opera sempre em dois níveis que são simultâneos, opostos e interativos, embora bem delimitados entre si. Um nível é o que ele denomina como "grupo de trabalho", o outro é o "grupo de base" (ou de pressupostos básicos) (Zimerman, 2000).

O "grupo de trabalho" está voltado para os aspectos conscientes de uma determinada tarefa combinada por todos os membros do grupo e, se quisermos comparar com o funcionamento de um indivíduo, o grupo de trabalho equivale às funções do Ego consciente operando em um nível secundário do pensamento (conforme a concepção de Freud) (Zimerman, 2000).

Os supostos básicos funcionam nos moldes do processo primário do pensamento e, portanto, obedecem mais às leis do inconsciente dinâmico. Assim, os supostos básicos ignoram a noção de temporalidade, de relação causa-efeito, ou se opõem a todo processo de desenvolvimento e conservam as mesmas características que as reações defensivas mobilizadas pelo Ego primitivo contra as ansiedades psicóticas (Zimerman, 2000).

Bion descreveu três modalidades de supostos básicos, por ele denominados respectivamente de supostos básicos de "dependência", de "luta e fuga", e de "acasalamento" (ou "pareamento") (Bion, 1961a).

O suposto básico de "dependência" designa o fato de que o funcionamento do nível mais primitivo do todo grupal necessita e elege um líder de características carismáticas em razão da busca de recebimento de proteção, segurança e de uma alimentação material e espiritual. Os vínculos com o líder tendem a adquirir uma natureza mais parasitária ou simbiótica, mais voltados para um mundo ilusório (Zimerman, 2000).

O suposto básico de "luta e fuga" alude a uma condição em que o inconsciente grupal está dominado por ansiedades paranóides e, por essa razão, ou a totalidade grupal mostra-se altamente defensiva e "luta" com uma franca rejeição contra qualquer situação nova de dificuldade psicológica, ou eles "fogem" da mesma, criando um inimigo externo, ao qual atribuem todos os males e, por isso, ficam unidos contra esse inimigo "comum". O líder requerido por esse tipo requerido de suposto grupal deverá ter características paranoides e tirânicas (Zimerman, 2000).

O suposto básico de "acasalamento" consiste no fato de que o grupo, conforme a primeira descrição de Bion, um casal dele gere um filho "Messias" que será o redentor de todos. Posteriormente, o conceito desse suposto básico deixou de lavar em conta o sexo dos indivíduos envolvidos (daí o nome de "pareamento"). Destarte, as esperanças messiânicas do grupo podem estar depositadas em uma pessoa, uma ideia, um acontecimento... que virá salvá-los e fazer desaparecer todas as dificuldades. Nesses casos, o grupo costuma se organizar com defesas maníacas e seu líder deverá ter características messiânicas e de algum misticismo (Zimerman, 2000).

Essas modalidades de supostos básicos não se contrapõem entre si; pelo contrário, podem coexistir em um mesmo grupo e se alternarem no surgimento. Bem como um grupo tem momentos em que funciona como grupo de trabalho e outros mais regressivos, em que funciona através de supostos básicos.

Bion considera que a Igreja funciona sob os moldes do suposto básico de "dependência"; o exército sob os de "luta e fuga"; e a aristocracia sob o de "acasalamento".

Existem inúmeras importantes diferenças entre o grupo de que nos falava Freud e aquele do qual tratou Bion. A primeira mudança ocorre em termos numéricos. Freud e outros estudiosos – Le Bon, Trotter, McDougall, que trataram desse assunto no início do século passado – referiam-se às multidões. Ao invés disso, Bion dirige a sua atenção para os pequenos grupos, ou melhor, subgrupos de um grupo organizado, como seções de hospitais, divisões militares. Além do dado numérico, mudam também as motivações. Para Freud, o estudo das massas se constituía em uma parte do esforço dirigido a fornecer uma base unitária à psicologia psicanalítica. De fato, esta deveria compreender tanto a psicologia individual quanto a psicologia coletiva. Bion, ao contrário, oferece, antes de mais nada, modelos práticos (reabilitação, experimentação de novas modalidades de terapia); modelos que pouco a pouco adotou e que melhor se inserem no campo da experiência (Neri, 1995). Além do que Freud estava mais voltado para o estudo dos mecanismos neuróticos nos grupos e Bion, influenciado por Melanie Klein, sua analista na época em que realizou sua experiência com grupos, estava mais interessados nos mecanismos mais primitivos, principalmente a identificação projetiva (Zimerman, 2000).

Minha experiência com grupo na pandemia

Desde a Jornada da Sociedade Brasileira de Psicanálise de Porto Alegre – Caminhos da Dor, realizada nos dias 27 e 28 de setembro de 2019, ouvindo a experiência de colegas na abordagem psicanalítica em ambientes fora do consultório com pacientes psicossomáticos (Béjar, 2019), surgiu-me a ideia de montar um grupo com pacientes portadores desses sofrimentos no serviço público em que trabalho. Dentre as histórias que ouço no local, destacam-se queixas emocionais decorrentes de dores crônicas, principalmente secundários a doenças musculoesqueléticas como fibromialgia. A grande maioria dessas pacientes eram mulheres, já tinham passado por vários serviços e profissionais de saúde com pouca melhora em suas queixas e na qualidade de suas vidas, e tinham poucas chances de serem referenciadas para atendimento em um serviço especializado em dor crônica em hospital geral.

A partir do mês de outubro de 2019, fui selecionando pacientes durante as consultas clínicas que tivessem perfil para participar do grupo: principal causa do seu sofrimento psíquico proveniente de patologia psicossomática, motivação para a participação em grupoterapia e ausência diagnóstico que pudesse atrapalhar o andamento do grupo, como transtorno de personalidade antissocial ou borderline, dependência química ou transtorno psicótico (Zimmermann, 1969; Zimerman, 2000).

Como minha carga horária no serviço público é de 8 horas semanais, ficou estipulado que o grupo encontrar-se-ia com frequência quinzenal – intercalando-se as semanas em que não haveria grupo com outro projeto, de grupo para esquizofrênicos – nas quartas-feiras, das 10:30 às 11:30, sendo esta hora para conversa com pauta livre às pacientes, aberta a questões reflexivas. A assistente social do serviço disponibilizou-se a conduzir o grupo juntamente comigo, assumindo o papel de coterapeuta (Zimmermann, 1969). Entre 11:30 e 12:30, combinamos que as profissionais ficariam à disposição das pacientes para demandas individuais, como ajuste de medicações, pedidos de receitas, solicitações de passe-livre, contatos com a rede a respeito de exames ou consultas com outras especialidades, entre outros.

Decidiu-se que o grupo iniciaria na primeira quarta-feira de março. Inicialmente, foram selecionadas oito pacientes dentro do perfil mencionado acima. O funcionamento dar-se-ia na modalidade aberta, ou seja, permitindo o ingresso de outro paciente toda a vez que se produz uma vaga por alta ou abandono. Optou-se por essa modalidade por, além de dinamizar o fluxo de pacientes no serviço público, encontrar respaldo na literatura quanto a vantagens em relação a grupos fechados, este último é aquele em que os mesmos pacientes seguem no grupo inicial até o final do tratamento. Zimmermann (1971) cita Bahia (1954), que menciona que um dos princípios fundamentais da psicoterapia de grupo é

> *...constituir sempre uma unidade elástica, isto é, permeável à entrada de novos elementos, o que tem por finalidade criar na mente dos integrantes a percepção de indestrutibilidade da 'Instituição' de que dependem, frente ao contínuo assédio de agressão dos 'rivais' e à própria pessoa do terapeuta (Bahia apud Zimmermann, 1971).*

Conforme planejado, houve um primeiro encontro do grupo na primeira semana de março. Das oito pacientes selecionadas, seis compareceram. Foi um espaço onde puderam falar sobre as suas queixas em comum e sobre como a dor e suas patologias psicossomáticas limitavam as suas vidas, aparecendo com muita clareza o mecanismo de identificação descrito por Freud nos grupos (Freud, 1921).

No decorrer do mês de março, antes de realizarmos o segundo encontro do grupo, adveio a pandemia do Covid-19, doença de alta taxa de transmissibilidade e ainda sem tratamento eficaz conhecido, seu recurso mais efetivo para prevenir o contágio é a minimização do contato social ao máximo. Em um primeiro momento, todos os atendimentos do serviço foram suspensos e o posto permaneceu aberto apenas para entrega de receitas durante os meses de abril e maio.

Passados esses dois meses e não havendo previsão de um desfecho para a pandemia, liberou-se atendimentos em número reduzido no serviço, a fim de evitar aglomeração de pessoas. No entanto, terapias em grupo não estavam liberadas pois, devido ao fato de o vírus dispersar-se no ar perdigotos e ser contraído por via inalatória, estava contraindicada reunião de pessoas em ambiente fechado.

Inicialmente, surgiu a ideia de retomarmos os grupos na modalidade virtual. Chamamos as pacientes para consultas individuais a fim de auxiliá-las na instalação e manejo do aplicativo de videoconferência e marcamos as reuniões online nos horários previamente combinados, ou seja, quinzenalmente, nas quartas-feiras, às 10:30. No entanto, não éramos atendidas nas chamadas. Uma reação de luta e fuga (Bion, 1961a) com a nova tecnologia se manifestou, as pacientes não se acharam capaz de manejar o aplicativo, apesar de terem realizado as chamadas-teste individuais.

Após um mês na tentativa de restabelecer o grupo na modalidade online sem sucesso, surge uma ideia simultaneamente em mim e na assistente social, como se fosse um pensamento à procura de um pensador (Bion, 1961b), a de retomarmos os grupos em espaço aberto, na praça localizada a meia quadra do serviço de saúde em que trabalhamos.

Depois de todos os contados, retomam o grupo quatro pacientes que compareceram no primeiro encontro em março e uma paciente nova, que estava em lista de espera.

Em uma manhã ensolarada, voltamos então a nos reunir, quatro meses após a primeira sessão. Conforme recomendações da OMS/ANVISA, pacientes e profissionais em uso de máscara, sentadas a mais de um metro de distância.

Compareceram nesta sessão:

- Helga, 64 anos, funcionária pública, desgaste pélvico e dor ciática crônica.

- Zélia, 58 anos, dona de casa, bursite e tendinite em ombro direito.
- Luciana, 60 anos, aposentada, fibromialgia.
- Lígia, dona de casa, pseudocrises convulsivas.
- Cláudia, 50 anos, cuidadora de idosos, obesidade, desgaste de quadril e joelhos, dores articulares crônicas.

Trago aqui um trecho dialogado da primeira sessão para ilustrar o clima:

> "H: Vocês não têm medo de ficar dependente dos filhos, hein? Meus filhos dizem que, se isso acontecer, não tem problema, eu sempre cuidei deles. Eu já não consigo mais trazer as compras do mercado, preciso da ajuda deles para carregar peso. Eles falam que é para eu pedir sempre que precisar de ajuda, mas eu detesto ter que depender dos outros.
>
> C: Eu também não gosto. Minhas filhas falam: 'Mãe, avisa quando precisar de ajuda.' Mas eu prefiro ser independente.
>
> A (coterapeuta): Mas é importante vocês pedirem ajuda quando precisam.
>
> D (terapeuta): É uma troca.
>
> Li: Eu fiquei 4 anos sem conseguir fazer nada. Eu levantava a cabeça para estender uma roupa, ficava tonta e caía. Os médicos começaram a me tratar para labirintite. Mas eu achava estranho que a labirintite das outras pessoas melhorava e a minha não. Aí, acharam que fosse epilepsia. Tomei gardenal, carbamazepina e nada de melhorar. Até que um médico lá do Conceição disse que achava que isso fosse uma depressão. Ele começou venlafaxina e quetiapina e eu comecei a melhorar. Foi então que eu vim parar aqui na Dra Dionela e ela ajustou a dose da venlafaxina. Agora eu estou bem.
>
> D: Essa resistência em pedir ajuda, em dizer o que está sentindo, muitas vezes pode acabar sendo uma das causas das dores. A Lídia não sofre de dores mas, no caso dela, apareceram crises semelhantes a convulsões,

a epilepsia. Cada um manifesta de forma diferente o que não pode ser falado..."

Esse trecho é bastante ilustrativo dos diversos mecanismos vigentes em um grupo. Aparecem, quase que simultaneamente, os três supostos básicos de Bion (Bion, 1961a). Helga traz o assunto sobre o medo de dependência, que é comum no início tanto nas psicoterapias individuais quanto nas grupoterapias. A evitação da dependência, pode ser resolvida através do mecanismo de luta ou fuga, negando a necessidade de ajuda. Lídia, por outro lado, me outorga um poder messiânico através da medicação venlafaxina, como se o ajuste de dose da medicação fosse o principal determinante para o seu bem-estar.

Devido ao fato de fazermos o grupo em espaço aberto, lidamos com algumas peculiaridades, como o fato de estarmos incapacitadas de realizar encontros em dias de chuva, interferência na escuta pelo uso de máscara e barulhos da rua, transeuntes que podem ouvir o material do grupo, este último, parece mais incomodar a mim do que às próprias pacientes. Enfim, são fatores somados ao setting possível que encontramos na pandemia. Por outro lado, é muito agradável ocupar um espaço público, ter uma sessão em ambiente externo, com sol e em meio às árvores. Chamamos carinhosamente nossa iniciativa de "Saúde Mental na Praça".

Na segunda sessão, soma-se ao grupo uma nova paciente: Isabel Cristina, 52 anos, cabeleireira aposentada, portadora de fibromialgia, bursite e tendinite de ombro direito. Ela expõe ao grupo seu conflito atual, que é a dificuldade de aceitação e consequente culpa pela homossexualidade do filho. Luciana imediatamente se identifica, porque também tem um filho homossexual, teve dificuldade de aceitação inicial e refere que, atualmente, convive bem. Além disso, Isabel Cristina fala de seus conflitos com a mãe, que tem histórico de surtos psicóticos e internações desde a infância da paciente. Suponho que, pelo seu histórico em que não podia contar com a atenção da mãe,

Isabel frequentemente coloca-se em uma posição de monopolizadora da atenção do grupo, atribuindo-me a difícil tarefa de dar-lhe limite sem reviver a retirada de afeto da mãe.

Zélia, que estava com o pai doente e o mesmo se agrava, opta por afastar-se do grupo e manter psicoterapia individual durante esta fase difícil de sua vida. A literatura descreve que, paciente com importantes demandas privadas devem, pelo menos temporariamente, ter atendimento individual (Zimerman, 2000). A paciente comparece ao grupo para despedir-se e diz que pensa em retornar quando esta fase mais difícil passar. O grupo a apoia e torce pelo seu retorno. Zélia emociona-se na despedida.

Reúne-se ao grupo a paciente Janaína, 52 anos, funcionária de zeladoria, fibromialgia. Ela tinha sido selecionada desde março e não pôde comparecer. Janaína retorna após dois meses de convalescência por coronavírus, conta sua difícil história de recuperação e como a doença piorou suas dores musculares como sequela. O grupo reflete sobre experiências em relação à pandemia, familiares que contraíram a doença, pessoas conhecidas que faleceram, cuidados. A coterapeuta perdeu um irmão por Covid-19 e conversamos após o grupo sobre o desafio da neutralidade possível nesta situação.

Em um dos encontros, foi realizada atividade de alongamento e dança com a colaboração de educadora física da Secretaria da Educação. Apesar da atividade física ter sido uma demanda das próprias pacientes, na primeira vinda da educadora, apenas duas pacientes compareceram. Pensei na hipótese de Christophe Dejours, que nos fala e um corpo doente e de um corpo erótico. Talvez as pacientes tenham faltado porque não consigam "habitar o seu corpo", como nos diz Dejours. Enquanto voltávamos da praça para o posto, Helga comentava com a educadora física como está comprovado que o exercício físico melhora a depressão, isso é de senso comum. Mas por que é tão difícil para os nossos pacientes aderir uma atividade física? Por que essa ambivalência do grupo com uma atividade física? Talvez elas se sintam mais possuidoras de um "corpo doente" do que de um "corpo erótico". Ainda não lhes é possível brincar com seus próprios corpos, alongarem-se, dançar, sentir prazer (Dejours, 2003).

Abordado o assunto da reação de luta e fuga da atividade física no encontro seguinte, as pacientes deram motivos externos para o não comparecimento, confirmando que os supostos básicos atuam em nível inconsciente (Bion, 1961a). A pedido das mesmas, marcamos uma nova atividade com a educadora física. Foi muito enriquecedor poder vê-las conscientizando quais das partes do corpo que estão mais tensas, quais as que realmente doem, trocando ideias, mostrando para mim, para a educadora e para a coterapeuta suas descobertas, como crianças que descobrem seu corpo, possibilitando mentalizar o que, até então, esteve somente no nível físico (Marty, 1996). Como grupo de trabalho da equipe, a educadora física interessou-se em solicitar ser cedida algumas horas para a saúde mental para dar seguimento a este trabalho em seu próprio grupo. Esta é a força da identificação e do contágio descritos por Freud (1921) num sentido positivo.

O grupo segue em andamento, mesmo em dias nublados as pacientes comparecem sem questionar se irá ter encontro, nos desafiando a encontrar uma área coberta para os dias de chuva. Além disso, as pacientes seguem, fora das sessões, interagindo no grupo de whatsapp, mandam "Bom Dia" e perguntam sobre a resolução de algum problema pendente relatado no grupo, entre outros assuntos. É um desafio à neutralidade e à abstinência participar do grupo de whatsapp sem que haja quebra desses dois princípios, nem parecer completamente desinteressada. Posso dizer que a "unidade grupal" e a "mentalidade de grupo" já se formaram e não se trata mais apenas de uma "reunião de pessoas" e sim um grupo de trabalho com um objetivo comum de tratamento (Freud, 1921; Bion, 1961a).

Considerações finais

A grupoterapia é uma técnica subaproveitada em nosso país. Zimerman menciona que, no Brasil, há uma inequívoca necessidade de expansão das atividades grupoterápicas e de formação de técnicos especializados na área. De fato, há no Brasil um profundo abismo entre o número de pessoas que necessita – e certamente poderia beneficiar-se de uma psicoterapia sistemática – e a capacidade assistencial em atender essa demanda, sendo de lamentar que não esteja ocorrendo melhor aproveitamento de um recurso que tem significativo potencial terapêutico, como é, sem dúvida, o das grupoterapias (Zimerman, 2000).

O *Caderno de Atenção Básica em Saúde Mental* do Ministério da Saúde destaca que o processo grupal, desde que bem pensado em sua finalidade, estrutura e manejo, permite uma poderosa e rica troca de experiências e transformações subjetivas que não seria alcançável em um atendimento de tipo individualizado. Isto se deve certamente à pluralidade de seus integrantes, à diversidade de trocas de conhecimentos e possíveis identificações que apenas um grupo torna possível (Ministério da Saúde, 2013).

A reunião de todos os indivíduos mais o grupoterapeuta, para uma tarefa em comum, gera a formação de um campo dinâmico, no qual se entrecruzam necessidades, desejos, ataques, medos, culpas, defesas, papéis, identificações, movimentos resistenciais, transferências e contratransferências. Como tudo isso se processa simultaneamente, às vezes de forma muito rápida e confusa, exige que o grupoterapeuta tenha bem discriminado para si os principais elementos que compõem a dinâmica do campo grupal (Zimerman, 2000). O que, na prática, tem sido um grande desafio para mim.

Diferentemente daquilo que sabemos quanto ao que classicamente acontece nas análises individuais relativamente ao surgimento de vivências transferenciais e à instalação da conhecida "neurose de transferência" dirigida diretamente à pessoa do analista, nas situações grupais tanto a transferência dos pacientes quanto a contratransferência do grupoterapeuta adquirem características cruzadas, isto é, cada paciente pode transferir para outro ou outros pacientes, para a pessoa do terapeuta e para o grupo como uma totalidade abstrata, assim como também o grupo como um todo pode convergir para uma modalidade transferencial relativa ao terapeuta. Nas situações em que o *setting* grupal funciona com dois terapeutas em coterapia, é virtualmente uma regra que as manifestações transferenciais surjam dissociadas: partes do grupo são depositadas num deles, e outras são transferidas para o outro. Zimerman acredita que aquilo que o grupo perde na profundidade da neurose de transferência que caracteriza o nível de muitas análises individuais, ganha em extensão, porquanto é bastante mais perceptível e intenso o jogo de identificações projetivas e introjetivas, matéria-prima do fenômeno transferencial-contratransferencial (Zimerman, 2000).

Neste trabalho, espero ter conseguido transmitir pelo menos parte da ideia da riqueza de fenômenos que ocorrem em minha retomada com experiência em grupos. Um campo tão dinâmico, veloz e com acontecimentos sobrepostos, que nem sempre consigo ter consciência do todo no momento do grupo. Poder escrever o trabalho, falar sobre o grupo, discutir os diferentes aspectos, é uma forma de conseguir apreender como tem se formado o grupo de trabalho, com seus momentos de supostos básicos, ainda que com a interferência da pandemia.

Ainda em avaliação, estão os critérios de alta do grupo. Deverão ser levados em conta a capacidade da rede básica em absorver o atendimento das pacientes melhoradas e a evolução das mesmas. Como o grupo ainda é inicial e, durante a pandemia, os postos da rede básica não estão operando normalmente, não foi possível fazermos uma projeção deste aspecto.

Grupoterapias é um tema bastante rico e extenso, meu intuito neste trabalho não é aprofundar-me no assunto. Trata-se apenas do relato da minha experiência, como psiquiatra, de retomar a escuta analítica através do atendimento em grupo.

Referências

Béjar, V. R. (2019). Paradoxos da sobrevivência psíquica: o trabalho de somatização. *Psicanálise*, 21(2), 72-80.

Bion, W. R. (1970). *Experiências com Grupos.* Imago, 1970. (Trabalho original publicado em 1961)

Bion, W. R. (1991). Uma Teoria do Pensar. In E. B. Spillius (1988). *Melanie Klein Hoje Volume 1: Artigos predominantemente teóricos.* Imago. (Trabalho original publicado em 1961)

Dejours, C. (2003). *Primeiro, o corpo.* Dublinense, 2019.

Freud, S. (1996). Psicologia de Grupo e Análise do Ego. In *Edição Standard Brasileira das Obras Psicológicas de Sigmund Freud.* Imago. (Trabalho original publicado em 1921).

Marty, P. (1996). *Mentalização e Psicossomática.* Casa do Psicólogo, 1998.

Ministério da Saúde (2013). *Cadernos de Atenção Básica – Saúde Mental.* Editora MS.

Neri, C. (1995). *Grupo - Manual de Psicanálise de Grupo.* Rio de Janeiro: Imago, 1999.

Zimerman, D. E. (2000). *Fundamentos Básicos das Grupoterapias.* 2 ed. Artmed.

Zimmermann, D. (1971). *Estudos sobre Psicoterapia Analítica de Grupo.* Mestre Jou.

7. Enigmas da psicoterapia: os limites da escuta e da representação

Maria Elisabeth Cimenti, Luciane de Almeida Pujol, Ana Lúcia Guaragna, Júlia Bugin, Bianca Sanchotene, Franciny Lis Kohlrausch Port e Lívia Koltermann

A partir do relato de alguns recortes de grupos de psicoterapia com crianças institucionalizadas por extrema vulnerabilidade familiar e social, pretendemos apresentar e problematizar aspectos observados nessa experiência. Vivenciamos este trabalho desde outubro de 2013, com o objetivo de proporcionar tratamento psicoterápico para essas crianças e introduzir esta modalidade de atendimento em nossa instituição, o Instituto de Ensino e Pesquisa em Psicoterapia – Porto Alegre (IEPP).

Tínhamos inicialmente como objetivo desenvolver a técnica de psicoterapia de grupo com crianças, a partir de nossas bagagens de tratamentos individuais infantis. Visávamos ampliar o tratamento a um número maior de crianças. Ao longo desse percurso, percebemos que cada situação se apresentava de modo muito singular e nos desencaixava de um esquema técnico conhecido, deslocando-nos para um não lugar. Fez-se necessário desprendermo-nos de conceitos e preconceitos à medida em que as crianças solicitavam, por exemplo, uma proximidade física maior. Extravasavam cargas de intensidade tão fortes que tinham efeitos sobre nosso corpo e nossa mente, excedendo o momento da sessão. Solicitavam dramatizar suas dores e desventuras como se o nosso corpo-mente fossem palco de suas emoções.

Diante de tanta intensidade, passamos a identificar uma série de fenômenos: primeiro, a necessidade de nos ampararmos em um numeroso grupo técnico*; segundo, atentar para o tipo de defesas por nós utilizadas diante da escuta de materiais regressivos e violentos e, por último, rever o sentido do conceito de alucinação negativa frente à dificuldade de representar em nossas mentes certos conteúdos. Este trabalho em grupo tem nos levado a desconstruir algumas questões que dávamos por certas em nossa técnica e não nos inquietavam, porém atualmente nos colocam em movimento, exigindo a ampliação do trabalho psíquico em nosso fazer.

A seguir, passamos a relatar nossa experiência, através do recorte de uma sessão do grupo.

> INICIAMOS UMA das sessões com duas crianças apenas, Maria e Isabela. Ambas se mostram muito irritadas e tristes. Tentamos ver o que se passava, mas sem muito resultado, pois nos mandavam calar.
>
> FICAM JOGADAS nas poltronas, com aparência de desânimo, impressão esta que passavam através de suas posturas. Pensamos se não fomos radicais nos limites na sessão anterior. Pouco depois batem à porta e Isabela diz:- Chegou nosso inimigo! Perguntamos por que o Pedro seria inimigo. Isabela responde: – Porque eu não gosto dele! Referimos que isto não o torna inimigo dela. Pedro, outro integrante do grupo, entra na sala e em seguida fica contaminado pelo clima de aspereza entre as crianças e rechaço contra as terapeutas.
>
> MARIA MOSTRA-SE agitada, pendura-se na janela, sobe no armário. Tentamos segurá-la e entender o que está acontecendo. Em certo momento, chega perto de uma das terapeutas com uma tesoura e ameaça cortar seu cabelo. Sentimos que ela sabe que não pode fazer isso e não

chegamos a impor limites, interpretamos seu desejo de corte, ela se afasta, e em seguida Maria pede muita cola.

Enquanto isso, Isabela vai para a mesa e desenha corações coloridos e Pedro leva os bonecos da família para brincar na casinha. A seguir, Isabela começa a partir os corações que desenhou, referimos que talvez esteja querendo falar alguma coisa com isso, que antes fizera corações coloridos e depois partidos; lembramos que ela está por ser adotada, e que o Paulo – um educador da casa – a irá adotar. Colocamos para ela que ser adotada é bom por um lado, mas talvez lhe parta o coração ter que deixar para trás a sua família e sua história até ali. Isabela fala da esposa de Paulo que é muito querida. Maria fala o nome da esposa do Paulo, reafirmando como é querida, e então diz com muito sofrimento:- Eu conheço todos eles..., todo mundo... Eu conheço bem o Paulo. Faz uma pausa e segue: – E ele me conhece desde que sou bebê! – Sua dor nos atingiu e o impacto gerou um silêncio perturbador. Pensamos então que essa era a grande dor de Maria na sessão. Depois de um instante uma das terapeutas diz: Mas um dia alguém poderá te adotar também!

Anunciamos o término do tempo. Ao final da sessão as terapeutas sentiram-se exauridas e tristes. Conteúdos muito duros puderam aparecer. Quando Maria falou que Paulo a conhecia desde bebê, era como se tivesse retirado o véu de sua desilusão e revelado o motivo de sua agitação: por que ele e a esposa iriam adotar Isabela e não ela, se a conheciam desde bebê?

A partir do relato desse recorte de sessão pretendemos apresentar algumas questões que consideramos relevantes para os objetivos deste trabalho.

A primeira se refere ao que nomeamos de *jogo de escuta.* Designamos assim, pelas diferentes versões que observamos ter, cada uma de nós, de alguns aspectos da mesma situação em sessão. Esse fenômeno se torna mais evidente em situações contundentes afetivamente.

Com propósito ilustrativo reproduziremos o diálogo de Maria com uma das terapeutas no viés de uma das observadoras do grupo.

> Maria e a terapeuta estão mais isoladas do restante do grupo, perto do espelho, onde ficam as observadoras por trás. Maria diz:
>
> – Eu conheço a Claudia (esposa do Paulo), conheço todos eles, antes da Isabela. O Paulo me conhece desde que eu era bebê.
>
> Se fazem alguns segundos de silêncio, todos sentem o impacto das palavras de Maria de forma intensa. A terapeuta retoma a palavra e diz:
>
> – Tu deves te perguntar por que não foste a escolhida, por que o Paulo escolheu a Isabela e não a ti. Mas tu também podes ter a oportunidade de ser adotada por uma outra família, um dia alguém pode te adotar também.

Este momento do diálogo de Maria com a terapeuta foi muito tocante, podendo ser descrito como o momento mais difícil da sessão. Maria finalmente conseguiu nomear sua angústia. Aí evidenciou-se o "jogo de escuta": cada uma das terapeutas descreveu o ocorrido de forma diferente. A terapeuta lembrou apenas de uma parte do que dissera. A segunda terapeuta refere ter congelado, tamanho o impacto que foi para ela o que a paciente falou; pensou o que fazer, o que dizer, e por instantes pareceu-lhe que a sessão parou, como num filme. Não consegue escutar mais nada após as palavras da menina. Uma das observadoras registrou de maneira mais completa a cena conforme o relato acima

Frente a isso, questionamos o quanto o impacto e a intensidade atravessam a escuta e o registro do que se passa em uma sessão. O que é possível registrar e recordar sob impacto? É possível que utilizemos mecanismos de defesa, conforme os citados por Freud, de renegação, recusa e recalcamento, provocando as cisões evidenciadas em nossos relatos como efeito? Como lidar com esta escuta parcial, distorcida, esquecida?

Fica flagrante que a escuta das terapeutas sofreu diferenças. A presença de experiências impactantes e maciças vivenciadas por nosso sensorial, predispõe esse tipo de "jogo". Acreditamos que a intensidade destas vivências se tornaria tóxica e justificaria tais cisões na escuta das terapeutas.

Segue um segundo relato.

Há aproximadamente um ano, o grupo abriu novas vagas para pacientes; três crianças haviam sido adotadas (inclusive Maria, a menina do caso acima) e se mudaram de cidade. Além disso, um menino mudou de casa, indo para uma casa-lar muito distante, onde conseguiria melhores condições para sua vida. Nesta ocasião, as psicólogas responsáveis pelos abrigos e casas lares indicaram algumas crianças que acreditavam ter necessidade de acompanhamento psicológico. Foram feitas sessões individuais de avaliação com as crianças indicadas e entrevistas com as psicólogas para termos informações sobre a história de vida das crianças que estávamos acolhendo.

Em uma destas entrevistas, fomos informadas da história de uma das pacientes que logo após a avaliação, começou a frequentar o grupo. A psicóloga relatou, dentre outras informações da família da paciente, que nesta família teve um homicídio, com "requintes de crueldade". Tal informação foi relatada e dividida com o restante das terapeutas do grupo, mas algo se passou, porque foi totalmente "apagada". Somente em uma segunda conversa com a psicóloga do abrigo, a informação pôde vir à tona e ser registrada. Um ano de atendimento se passara sem que o episódio de violência extrema pudesse ser lembrado e representado na mente das terapeutas do grupo. Impactou-nos muito nos aperceber disso! A

> *partir de então, observamos que a menina no grupo trazia muitas situações em que picava, cortava em pedaços materiais que utilizava. Pudemos trabalhar estes conteúdos com ela, destacando que uma pessoa devia estar muito desesperada para cometer um ato tão grave de matar alguém. Ainda lhe foi dito que, aquilo que foi feito no desespero, não a tornava de maneira nenhuma responsável; que cada pessoa é uma e que ela podia fazer a sua história diferente. Quando falamos isso, a menina sacode a cabeça afirmativamente.*

Nesse segundo relato, impressionou-nos o esquecimento diante desse traumático episódio da história transgeracional de Cândida. Entendemos este fenômeno como uma alucinação negativa, conceito que Said (2006) / Green (1990) convida a pensar como uma "incapacidade de ver a existência de um objeto ou do outro" (Said, 2006, p. 28). Pensamos no quão difícil que é perceber o outro em algumas realidades, tais como as destas crianças que atendemos no grupo. Por vezes, se torna insuportável! Assim, colocamos um furo no lugar do "ser". Nossa mente, muitas vezes, apresenta-se incapaz de olhar livre, pensar e representar.

Maria Teresa Rocha (2009) alude que o ato psicanalítico, no que se refere ao traumático, busca propiciar a criação de sentidos. O analista funcionaria como uma "membrana paraexcitatória", fazendo com que seja possível ao sujeito estabelecer ligações, inscrevendo psiquicamente e transformando em representável o irrepresentável. A criação de sentidos inclui a presença encorpada do analista, seu acolhimento, sua escuta e sua fala. O *setting* se materializa na presença viva e vitalizada do analista em um face a face que permite espelhamentos narcísicos reparadores. Essa vitalização que emana do analista gera a erotização instituinte das representações.

Estamos inteiramente de acordo com Rocha, mas frente ao nosso esquecimento, propomos pensar no que escapa à escuta e à representação. Percebemo-nos em um estado de alucinação negativa diante do traumático, do que é difícil de ligar, de inscrever psiquicamente. Green (1990) ao abordar o trabalho do negativo, refere que este diz respeito à utilização de mecanismos de defesa primários: a repressão, a clivagem, a negativa e a forclusão. Quanto mais estivermos perto da pulsão, mais mortífero será o trabalho do negativo. Este estado de coisas tornou-se mais perceptível ao nosso olhar e passamos a ter mais consciência das possíveis falhas da escuta, assim como verificamos que tais omissões tendem a se reproduzir, circulando nos diversos subgrupos do trabalho: grupo com as crianças, grupo entre os técnicos e grupo de educadores (concomitante ao grupo com as crianças, realizamos um trabalho com os educadores sociais, seus cuidadores, encontro marcado por diversas faltas e desvitalizações).

A partir desses lugares, indagamos: o que não podemos escutar, o que não pode ser dito? No que diz respeito ao corpo técnico, começamos a questionar como nos organizamos. Somos muitos, talvez mais que o necessário para esta modalidade de tratamento. Colocamo-nos em posição de força-tarefa, a difícil (ou impossível) tarefa de apreender aquilo que escapa. Este processo tem evidenciado a falta, que aparece como furo da escuta. Estamos mais sensíveis a esses fenômenos, realinhando constantemente a técnica, o grupo e as ligações psíquicas, colocando-nos em um estado de disposição à transformação, frente por vezes ao negativo, ou justamente à negatividade talvez, por um tempo, necessária.

Muitas vezes necessitamos rever limites e condições do enquadre e nos reinventar como terapeutas, a ponto de transformar não somente a técnica com grupos, mas também revisar a técnica de tratamento individual, que acreditávamos, a princípio, estarmos mais apropriadas. Se antes desejávamos rever e explorar a técnica da psicoterapia em grupo através da prática em psicoterapia individual, agora nos propomos rever a nossa técnica como psicoterapeutas, inclusive nos tratamentos individuais! Percebemos que no trabalho em grupo a questão da escuta e da irrepresentabilidade é algo que tem circulado e se faz presente em nossos atendimentos de forma contundente. Como isso se passa em um trabalho de psicoterapia individual?

No atual momento desta experiência estamos sentindo-nos "desconstruídas". Esperamos poder discutir as possíveis transformações e limites necessários do nosso fazer e, quem sabe, alcançar a partir daí, uma consciência transformadora deste fazer. Suportar a falta no interior da própria técnica de trabalho que realizamos, pelo fato do humano em nós, coloca a nu um lugar tão vulnerável dentro de nós, quanto o das crianças que atendemos no grupo. Esse descolamento radical do lugar do "suposto saber", entra como rompimento das poucas certezas que carregávamos no início desta experiência, embora fortaleça a possibilidade de entrar em contato com uma dor aflitiva tão dilacerante e tentar compreender o outro em sua dimensão humana.

Referências

Green, A. (1990). *Conferências Brasileiras de André Green: metapsicologia dos limites*. Imago.

Rocha, M. T. N. (2009). Mudanças técnicas e desafios na interface social da psicanálise. In B. Tanis & M. G. Khouri (org). *A Psicanálise nas tramas da cidade*. Casa do Psicólogo. pp. 165-181.

Said, E. W. (2006). *Freud y los no europeos*. Global Rhythm Press.

Parte II
A psicanálise no hospital

8. Hospital Maciel: analistas na Comunidade Universitária

María Cristina Fulco

Que a construção da subjetividade tenha seu apoio nas relações entre o psicanalítico, o social, o cultural e os ideais predominantes transmitidos no nível discursivo em cada época, é algo que podemos encontrar na construção do paradigma psicanalítico na extensa obra freudiana. e trabalho pós-freudiano.

O fato de S. Freud, ao longo de toda a sua obra, ter mantido um diálogo e um interesse permanente com as mais diversas disciplinas do mundo académico, literário, artístico, antropológico, mitológico e filosófico, entre outros, explica também a forma como estes vários campos do conhecimento foram incorporados e continuam a nutrir e interrogar as conceitualizações psicanalíticas, mesmo nestes tempos de mutação civilizacional desta metade do século XXI em que estamos imersos.

Estamos longe dos tempos em que para muitos a psicanálise era considerada uma disciplina independente e fechada. Textos freudianos, como "O Mal-estar na Cultura", "O Futuro de uma Ilusão", "Moisés e a Religião Monoteísta", "Porquê a Guerra?" entre outros, mostram como a psicanálise esteve imersa desde suas origens no texto e no contexto discursivo sociocultural em que se originou.

A título de introdução, gostaria de mencionar que os membros fundadores da APU trabalharam desde o início nas áreas de Saúde Mental dos hospitais públicos da cidade de Montevidéu e no Hospital Universitário. Vários deles ocuparam também a Cátedra de Psiquiatria da Universidade da República, abrindo assim caminho à participação de analistas da APU em tarefas hospitalares.

No meu caso, descobri a psicanálise ainda estudante de medicina e fiz meu primeiro tratamento, numa terapia de grupo que durou 5 anos e foi realizada no Hospital Universitário, gratuitamente, com aqueles analistas da APU. Esses tratamentos foram oferecidos a estudantes das mais diversas disciplinas: direito, medicina, sociologia, antropologia, arquitetura. A terapia de grupo em que eram pacientes 8 estudantes universitários durou 5 anos semanalmente. Teve que terminar abruptamente por questões de segurança, no início da ditadura militar (1973-1985), com a entrada das Forças Armadas no Hospital.

Após terminar a formação na APU, voltei a trabalhar no Hospital junto com outros colegas. Há 15 anos que realizamos os chamados "Ateneus Clínico-Psicanalíticos", na Área de Saúde Mental da Cátedra de Psiquiatria da Universidade da República, num Hospital Público. Atendemos pacientes oriundos de áreas marginais e carentes da comunidade e seus familiares, o que nos permite aproximar, conhecer e conhecer suas realidades sócio-político-econômicas e comunitárias. São pessoas que foram historicamente excluídas dos nossos consultórios privados e das nossas sociedades psicanalíticas.

Dessa forma aprendemos a possibilidade de conhecer seus códigos, julgamentos e valores, a partir do lugar de estrangeirismo em que muitas vezes nos sentimos inseridos. Trabalhamos com equipes multidisciplinares, estudantes de medicina e psicologia, médicos, pós-graduados e residentes de psiquiatria, assistentes sociais, enfermeiros, professores de diversos departamentos médicos.

Essa modalidade de trabalho e inserção dos analistas na comunidade hospitalar também é implantada em outros hospitais públicos da cidade.

Durante 5 anos, e após dois anos iniciais de debate no Instituto APU, conseguimos uma reforma substancial em relação a uma alteração curricular do Plano de Estudos, que consistiu na realização, fora dos muros do nosso Instituto, de um seminário curricular para analistas em treinamento. Este seminário cumpre os mesmos requisitos dos seminários realizados no instituto APU (participação ativa, assiduidade, trabalho escrito e avaliação dos professores e analistas em formação que frequentam curricularmente o Ateneo).

Esses seminários são coordenados por professores do Instituto. É importante recordar que na última reunião dos Presidentes da Fepal da gestão 2018-2020 surgiu a proposta de incluir nos planos de formação dos institutos latino-americanos a realização de seminários curriculares na Comunidade. Esta proposta também foi levantada, paralelamente, pela IPA.

Acho importante partilhar algumas das avaliações feitas pelos analistas em formação que participaram e continuam a participar nestas primeiras experiências, na medida em que explicam, na minha opinião, a forma como se dá o diálogo com a interdisciplinaridade e a saída à comunidade, como bem demonstraram Freud e os pioneiros da nossa disciplina, contribuiu para enriquecer o nosso paradigma na sua dupla vertente teórica e prática. Lembre-se também da criação, nas origens, das "Policlínicas Gratuitas", em Berlim, Viena, Budapeste, Londres, bem como a preocupação de Freud em não trabalhar apenas com as elites.

Avaliações realizadas por diferentes grupos de analistas em formação do instituto APU que participaram curricularmente desta experiência:

ATENEU CLÍNICO Psicanalítico, Clínica Psiquiátrica da Faculdade de Medicina Hospital Maciel

PROFESSORA PRINCIPAL: María Cristina Fulco

PROFESSORES ADJUNTOS: Gabriela Pollak, Zuli O'Oneill

ÁREA V – Seminário Gratuito

O que nos deixou a experiência deste seminário?

A validação do ateneu do Hospital Maciel como seminário constitui, sem dúvida, um espaço inaugural que nos parece extremamente valioso, representativo de uma tarefa que ultrapassa as fronteiras das instituições especificamente psicanalíticas, evocando-nos aquelas origens da psicanálise e seu surgimento junto com a clínica.

Este ateneu obriga tanto candidatos como professores a repensar o seu posicionamento, pois deixa de ser um tradicional seminário intramuros quando se inaugura como espaço académico formal, tanto na formação de analistas como de psiquiatras, ambos desmarcados da sua esfera pela presença de outros.

A participação conjunta de seminaristas, egressos, professores, bem como estudantes de medicina, residentes de psiquiatria, psicólogos, residentes de psicologia, fazem desta instância um espaço particularmente fermentador, permitindo uma troca que aguça a escuta.

A presença desses "outros" obriga-nos a revisitar conceitos que pareciam acabados e a uma necessária tradução deles, no esforço de fazer desse encontro um verdadeiro diálogo, desafiando a nossa escuta de outros saberes disciplinares.

Podendo aprender com a avaliação do psiquiatra, seu diagnóstico, o que se fala quando se fala em transtorno de personalidade, ou quando e para que finalidade é relevante a indicação de psicotrópicos, ou mesmo a comorbidade com a presença de doenças orgânicas, parece-nos de importância especial no momento da troca. Diálogo que gera encontros e desentendimentos, um casamento difícil e em qualquer caso necessário nos diferentes momentos da nossa prática clínica.

A transição pela experiência hospitalar parece inevitável para analistas em formação. A riqueza do ambiente hospitalar devido ao tipo de pacientes que apresentam, com percursos de vida complexos, com a sua presença corporal, o seu discurso, na possibilidade de colocar questões, permite-nos ver para além da transmissão da história de um caso e ainda é um desafio pensar "psicanaliticamente" esses pacientes. Ser capaz de ver os limites das neuroses (e além) parece fundamental na construção de nossa práxis

O desconhecido gera ansiedade, uma dificuldade que funciona como um motor de busca, obrigando-nos a encontrar pontes entre as disciplinas, não para reter ou classificar o paciente, mas para nos enriquecermos através de diferentes perspectivas.

Que relação pode ser criada deste seminário com o objeto de estudo? Sem dúvida, deveria ser o menos tingido de ansiedade persecutória e de uma atitude de superego ou carregada de idealizações.

Uma das virtudes desta saída "para o mundo" é que neste "extra-muros" converge um espaço de aprendizagem com um espaço de divulgação da psicanálise, obrigando a deixar o diagnóstico em aberto, para um dinamismo mais transferencial.

Analistas em Treinamento: Anabel Rodríguez, Claudio Danza

Avaliação da Segunda turma de analistas em formação. Ateneu Curricular Clínico – Psicanalítico do Instituto APU realizado no Hospital Público-Maciel:

Asociación Psicoanalítica del Uruguay

Instituto Universitario de Postgrado en Psicoanálisis

SEMINÁRIO: Clínica Psicanalítica Ateneu Hospital Maciel

Documento principal: María Cristina Fulco

Professores Adjuntos: Ingrid Schwartz e Zulli O'Neill

Área V – 2018 (2° semestre)

Interessa-nos transmitir aqui, a título de avaliação, algumas impressões sobre nossa experiência clínica como participantes do Seminário "Ateneu Clínico Psicanalítico do Hospital Maciel".

Trata-se de um seminário teórico-prático que acontece na Área de Saúde Mental do referido Centro de Saúde, baseado em reuniões clínicas semanais com pacientes da Enfermaria, ocasionalmente da Policlínica. Neste espaço de trabalho, a psicanálise promove o diálogo entre diferentes disciplinas, o que exige repensar categorizações e perspectivas em torno do diagnóstico, do prognóstico e das estratégias terapêuticas.

Neste espaço, nosso posicionamento como analistas em formação é nutrido pelas questões que se tornam atuais e que circulam em diversas coordenadas: Como a Psicanálise desafia as categorias psiquiátricas? Você consegue desmontar o tom quase profético que às vezes aparece no "discurso médico"? Que questões abrem caminho para pensar a peripécia subjetiva como produção singular de um sujeito em devir? Talvez isso implique um pensamento clínico que realize movimentos desconstrutivos, nos moldes propostos por Viñar e

Barrán ao aprofundarem os efeitos da medicalização, como afirmou um de nós em seu escrito:

> *As questões de saúde mental dizem respeito tanto à cultura atual quanto à psicopatologia. A subjetividade não fala apenas de um sujeito interno, mas também de um sujeito relacional. Este prólogo à clínica é necessário para evitar a captura no sintoma e na medicalização (Viñar, 2018, pp. 17-18). Criar um espaço interrogativo de "quem você é" para além do eixo do normal e do patológico, do saudável e do doente, que são um ímã redutor como o sombreamento, o simplificador, porque faz do monocausal algo que é axiomaticamente multiaxial. Posicionar-se como interlocutor e testemunha, e não como técnico, parece-me uma distinção capital e uma contribuição do freudismo. Hoje, o mais difícil de um diálogo verdadeiro é estabelecê-lo, restaurar a espessura do psiquismo, onde a descarga catártica procura expulsá-lo. Banalização da troca, através da aceleração. (Congresso Desamparo/APU, agosto de 2018. Conferência M. Viñar: Psicanálise Atual)*

Nessa comunidade da qual nos sentimos parte, somos impactados junto com profissionais e estudantes de outras disciplinas, e nos perguntamos com cada paciente internado: Como articular os aspectos que insistem na escuta em torno das vulnerabilidades advindas do contexto social, as heterogeneidades do cultural, as características do efémero, numa sociedade presentista-consumista?

A troca entre os participantes, com vários esquemas de referência conceptual, torna-se talvez um dos níveis mais interessantes e exigentes do nosso ponto de vista; mas sem dúvida, o mais enriquecedor. Gera-se uma forma particular de abordagem e contato com o sofrimento do paciente, na primeira hora das duas horas que dura o encontro interdisciplinar, sendo testemunhas ativas da entrevista geralmente realizada por residente de psiquiatria ou pós-graduado, mas participando da reta final. um dos psicanalistas responsáveis. Esta forma de fazer a prática clínica mobiliza um potencial analítico, que ao interrogar o conhecimento estabelecido, enriquece a compreensão do paciente e dá "um plus" à experiência pessoal de todos nós que participamos. A clínica nos move, e nos transforma a cada momento.

No encontro com cada paciente, a escuta e a transferência oferecem um enquadramento para os significantes que passam a permear o grupo a partir da atenção flutuante. Vivencia-se o impacto do sofrimento psíquico, que transita, na sua urgência, para a materialidade das estratégias terapêuticas. Assim, durante a segunda metade do encontro e após a saída do paciente, ocorre a troca entre os participantes. Interlocutores de diferentes disciplinas e trajetórias formativas compartilham sua perspectiva sobre o que vivenciaram, enquanto a singularidade dos pacientes que chegam ao Maciel geralmente nos confronta com a pressão para definir "o projeto terapêutico" que, muitas vezes, emerge em um registro mais próximo de. proteção.

Na perspectiva da psicanálise, o caminho se constrói a partir da posição do sujeito que se questiona em relação ao seu sofrimento e isso relança a busca de sentidos em torno de suas marcas subjetivas. Trata-se de traçar coordenadas para o encontro analítico, outra temporalidade e um quadro para instalar a transferência.

Num campo marcado pelos códigos de cada disciplina, pela efemeridade do encontro e pela inusitada do ambiente hospitalar, é um desafio aproximar-se de uma leitura transferencial, do que é comovente na presença do outro; um outro que veremos pela primeira e única vez.

Presenciamos por vezes a produção de histórias e tentativas de historicização que visam abrir espaço para um movimento subjetivo, onde o paciente tenta dar conta de sua situação atual, e que a partir da nossa escuta nos remete à série freudiana complementar.

Sabemos (... sentimos nesta experiência) a necessidade de ir além da doença, de compreender os sintomas em termos de conflito psíquico, e no final da hora do Ateneo interessamo-nos por chegar a alguma hipótese clínica que nos permita compreender o entrelaçamento de acontecimentos e vicissitudes que influenciaram o sofrimento atual. Há muitas histórias que nos falam sobre exclusão, falta de proteção, desamparo, precariedade, maus-tratos e abusos; muitos pacientes cujas vidas estão centradas na subsistência, que têm dificuldade em dar espaço ao desejo e ao projeto, que vivem apenas na urgência do presente e têm dificuldade em desdobrar na sua história e na sua mente, a experiência humana da temporalidade em passado, presente e futuro.

Quando o paciente sai, a capacidade de escuta, bem como a capacidade de acomodar e legitimar a alteridade do outro, revelam-se no diálogo interdisciplinar que ocorre no "a posteriori" que é de se esperar, se considerarmos não apenas diferenças individuais, mas sim provenientes dos corpos teóricos e práticos de cada membro do grupo. Esta diversidade incontornável confronta-nos com a necessidade e importância de o Ateneu se tornar um espaço onde cada um dos participantes se posiciona de forma aberta ao outro e como profissional permeável às diferentes disciplinas ali representadas. Parece um truísmo destacar este ponto, mas não basta proclamar as vantagens do trabalho interdisciplinar, mas devemos estar dispostos a essas "aberturas" que enriquecem e ampliam a nossa visão profissional e pessoal, cujo objetivo principal deve ser avançar na obtenção da abordagem mais adequada ao paciente que chega ao hospital em busca de ajuda.

Corre-se o risco de reproduzir, como sociedade e como profissionais, dinâmicas de indiferença à dor alheia, de falta de escuta e de respostas empáticas, como citado por pacientes de alguns centros que não se sentem empoderados pelo profissional que os recebe. sua capacidade de narrador de sua própria história. Não há narrador sem testemunha ou sem escuta empática, nem há narrativa que não seja para alguém.

A heterogeneidade que ocorre nos Ateneos del Maciel protege-nos, diria Viñar, contra a omnipotência e a negação. É o seu antídoto. O outro sabe coisas que eu não sei e este é um aspecto essencial para compreender um mundo demasiado complexo para um único narrador, e só existem duas formas de "resolver" tal heterogeneidade: o conflito e a complementaridade (alguns também falam de complementaridade).

Por isso valorizamos este espaço que a APU e as autoridades Maciel conseguiram criar e manter, como uma instância onde cada pessoa, desde o seu lugar, percebe um ponto cego no que faz e no que pensa e também se abre para integrar novos critérios, ideias ou conhecimentos.

O grupo torna-se então um fator enriquecedor não só da prática e da formação académica mas também da perspectiva individual e pessoal que se interessa pelos problemas da condição humana. Aquilo que não tem respostas fáceis ou unívocas, sofrimentos que são "o pão nosso de cada dia", que às vezes tendem a diluir-se num mundo "que tem pressa" de parar e pensar em como intervir neles.

Este é um caminho de construção de longo prazo, e embora às vezes você se desespere por não ter provas imediatas de suas conquistas, vale a pena sustentar a incerteza, vale a pena alimentar a "expectativa confiante", para ampliar o sentido da nossa tarefa como psicanalistas e continuar trabalhando na busca de respostas mais adequadas para uma sociedade que sofre os ataques destes tempos

Analistas em treinamento: Elizabeth Orge, Claudia Martínez, Ariel Mirkus

Avaliação do Seminário do Hospital Ateneo Maciel

TERÇA-FEIRA, DAS 10h00 às 12h00

PRIMEIRO SEMESTRE 2022 Eugenia Cerantes Juan Andrés Janzich Martín Mazzella

A nota a seguir trata da avaliação realizada pelos três participantes do seminário ocorrido no primeiro semestre de 2022 (março a junho), no Ateneu de Clínica Psicanalítica da Área de Saúde Mental do Hospital Maciel, pertencente ao ASSE. Este seminário apresenta algumas características que o tornam único dentro da grelha que a IUPP propõe aos analistas em formação. A proposta oferecida é a participação em entrevistas clínicas que são realizadas com pacientes internados na área de Saúde Mental do referido hospital, antes da leitura de um histórico resumido do paciente, para depois dar lugar à troca sobre a situação. Participam do espaço do evento residentes de pós-graduação em psiquiatria de adultos, estagiários médicos e professores da Cátedra de Psiquiatria da Faculdade de Medicina (UdelaR), psicólogos, profissionais e residentes de Psicologia (UdelaR), analistas em formação da IUPP – APU e professores da IUPP , bem como profissionais hospitalares. Neste encontro multidisciplinar, promove-se o diálogo e a troca sobre os pacientes entrevistados a partir de diferentes perspectivas e perspectivas (médica, psicológica, psiquiátrica, psicanalítica). Da mesma forma, procura, na medida do possível, pensar no encaminhamento do paciente para espaços fora do hospital para que possa continuar o tratamento a médio prazo, de forma a responder à situação vital da pessoa e ao seu sofrimento, após a alta médica. Ao mesmo tempo, é um espaço que permite aos analistas em formação (e a todos os que participam) aproximarem-se de um potencial enriquecedor, difícil de apreender antecipadamente e que está ligado à singularidade e especificidade desta prática, diferenciando-se claramente de outros seminários. propostas, naquilo que nos oferece e no que nos exige. Entendemos que o intercâmbio com outras disciplinas é particularmente enriquecedor porque nos incentiva a nos debruçarmos sobre os nossos próprios conceitos, métodos de abordagem ou quadros teóricos de referência para pensar situações clínicas. As compreensões que, muitas vezes, quando trocadas apenas entre nós que trabalhamos e pensamos a partir da psicanálise, podem dar como certo significados em relação a um conceito ou à leitura que se faz de uma situação. Muitas vezes, podem bloquear a abertura necessária que a singularidade humana exige de nós, constituindo um "senso comum". O intercâmbio com outras disciplinas faz com que aquilo que tomamos como certo pode não ser compreendido, e neste movimento abre-se a possibilidade de nos repensarmos sobre a forma como temos a nossa herança conceptual e que significado lhe damos no trabalho clínico. Por otra parte, resaltamos – dentro del escenario hospitalario que implica este seminario – el especial valor en poder recibir y escuchar pacientes en una heterogeneidad que, muchas veces, los ubica lejos del/a paciente que podrá llegar a una consulta particular y que podría recibir cada um de nós. Neste sentido, o percurso por este espaço implicou-nos frequentar o centro para ouvir pacientes em situação de consumo grave, com EAI em múltiplas formas e gravidade, bem como com características psicossociais que pudessem sugerir uma certa dificuldade na sustentação do tratamento. âmbito e ambiente hospitalar. Da mesma forma, destacamos como outro aspecto significativo deste seminário e das suas características particulares, a possibilidade de troca e entrelaçamento de conhecimentos numa mesma situação clínica. Ou seja, para os analistas em formação representa um espaço de "afinação" para poder dar conta de uma perspectiva psicanalítica num contexto médico, onde a perspectiva psiquiátrica é a predominante e a partir da qual se codifica o sofrimento do sujeito. Dessa forma, poder questionar, saber apontar ou saber ouvir e apontar aspectos da fala do paciente a partir de uma escuta psicanalítica, concordamos, tem sido tanto um desafio contínuo, como também – em muitas ocasiões – uma chance de abrir outros significados possíveis sobre o paciente e as manifestações de seu sofrimento que nos convocam em um contexto e momento precisos. De referir ainda que este seminário não só implicou a possibilidade de tentar introduzir uma escuta diferente nos espaços acadêmicos em que participamos, mas também nos confrontou com a dor e o desamparo do outro, num momento crítico da vida de cada um. De muitas pessoas – jovens e adultos em diferentes fases e situações de vida – que chegaram ao referido contexto hospitalar, por vontade própria ou não, e também pela ação e assistência de terceiros. Poderíamos pensar que a mobilização afetiva é uma ferramenta fundamental da tarefa analítica, no quadro de um vínculo transferencial que se estabelece e da noção de processo que se pretende em todo o trabalho clínico e analítico. Porém, essa mobilização afetiva na escuta dos pacientes neste contexto hospitalar preciso tem envolvido um trabalho com o impacto, com a singularidade e a fugacidade de cada encontro e uma formação posterior que possibilite a tentativa de co-construção de significados que possibilitem a compreensão daquele particular. sujeito que ocupa – temporariamente – o lugar de paciente, assim como – temporariamente – ocupamos o lugar de quem o ouve e pensa nele. Consideramos que a participação neste seminário foi benéfica para a nossa formação em psicanálise, na medida em que nos permitiu aproximar-nos das populações em situações agudas de crise. Poder pensar com os outros, com profissionais de outras disciplinas, numa troca respeitosa, que busca responder ao sofrimento dos pacientes que a instituição recebe, enriqueceu o nosso olhar e a escuta das situações que surgiram, dando-nos outras ferramentas para pensar sobre nossa abordagem como analistas.

Atualmente, esta atividade de 5 anos de trabalho no Hospital está formalmente apoiada por um Convênio celebrado entre o Instituto Universitário de Pós-Graduação em Psicanálise da APU (IUPP) e a

Cátedra de Psiquiatria da Faculdade de Medicina da Universidade da República.

Em síntese, podemos dizer que a contribuição que esta atividade fora do Instituto APU oferece para a aquisição da identidade analítica abre-se em três aspectos centrais:

- A riqueza da Clínica e da prática, na medida em que recebemos pacientes que raramente comparecem aos nossos consultórios particulares
- Diálogo com a interdisciplinaridade, que abre caminho para o enriquecimento mútuo,
- Trabalhar com pacientes que povoam as margens das nossas cidades e que nos aproximam de outras culturas, códigos e valores, colocando-nos muitas vezes num lugar de estranheza, com o qual temos muito que aprender.

Referências

Danto, E. Ann. (2018). *Psicanálise e justiça social.* Edição digital RBA Libros.

Fulco, Maria C. (2020). Transmissão e ética em Psicanálise. *Psicanálise. XLII-n.* pp. 223-234.

Fulco, Maria C. (2019). A subjetividade do analista e os "estranhamentos" da clínica. *XXVII Congresso Brasileiro de Psicanálise FEBRAPSI.*

Fulco, Maria C. (2019). Na análise de treinamento. In A. Cabral & A. Fainstein (org.). *Debates B Aires.* APA.

9. Comitê de Bioética da Sociedade Argentina de Terapia Intensiva: Programa de Apoio Emocional durante a pandemia para membros parceiros do SATI

María Haydée Canteli, Mónica Capalbo e Mariana L. Pedace

"Compromisso é um ato, não uma palavra"

Jean Paul Sartre

O grupo de psicanalistas da Comunidade Fepal apelou aos seus diferentes membros para que fizessem uma publicação sobre alguns dos programas que durante estes 5 anos da sua formação têm sido realizados na comunidade.

Nosso grupo pertence ao Comitê de Bioética da Sociedade Argentina de Terapia Intensiva, foi formado há mais de 30 anos por profissionais de diversas especialidades, com experiência em Áreas Críticas, possui uma formação interdisciplinar, composta por médicos, enfermeiros, filósofos, advogados, psicólogos, cinesiologistas, assistentes sociais, nutricionistas, contando também como consultores religiosos de diferentes credos.

A bioética como disciplina estuda os problemas éticos que surgem do desenvolvimento da biologia e da tecnologia na medicina atual. É uma ética aplicada. Que ganhou significativa importância devido ao impacto dos avanços tecnológicos e científicos nos últimos tempos.

- Diálise.
- Transplante.
- Fertilização assistida.
- Pesquisa Genética.

O Comitê se dedica a avaliar novas atitudes sociais e culturais, para poder propor e trabalhar os princípios bioéticos que são colocados em jogo nas áreas de Unidades de Terapia Intensiva (UTI).

Esses princípios podem ser mencionados como: Paternalismo – Autonomia – Beneficência – Não Maleficência – Justiça distributiva – Humanização do cuidado – Satisfação Equipe de saúde – Paciente – Família.

A intervenção dos Comités de Bioética estende-se a tentar ser competente em conflitos bioéticos como: Consentimento Informado-Futilidade-Aspereza Terapêutica.

Trabalhando em nosso Comitê, orientamos nossas ações com algumas perguntas que frequentemente nos fazemos para direcionar a tarefa.

- Percebemos conflitos bioéticos em nosso ambiente?
- O estado de alerta permanente nos insensibilizou?
- Ainda temos dificuldade em nomear diferentes tipos de problemas?
- Sentimo-nos num estado de submissão que nos impede de reagir?
- Acreditamos que certas coisas são responsabilidades de outros membros da equipe?

- Pensamos que somos os únicos que detectam problemas bioéticos e que outros são insensíveis?
- Permanecemos numa simples catarse?

Consideramos importante participar nesta publicação e apresentar o programa que executamos durante os primeiros anos da pandemia, instados pela necessidade de enfrentar as adversidades face a um desafio tão novo como inédito que convocou especialistas em Medicina Crítica.

O programa procurou ajudar a sustentar a saúde mental dos pacientes, abalados pelo terror, pelo sofrimento e pela necessidade de desenvolver teorias e ações terapêuticas em caso de necessidade e emergência. como forma de aprender a própria subjetividade diante da morte e da possibilidade de sobrevivência.

Nunca na história recente do nosso sistema de saúde houve uma situação com estas características, tão extensa e *envolvendo tantas pessoas ao mesmo tempo*. Sendo assim, tornou-se necessário que programas de assistência fossem inovadores, honestos e baseados nas melhores evidências científicas disponíveis. Além disso, era fundamental contemplar as pessoas afetadas em toda a sua complexidade, pois, além de se protegerem do contágio do vírus, era fundamental cuidar da sua integridade mental, emocional, socioafetiva e econômica.

Percebemos que se aproximava também uma pandemia de doença mental e que precisávamos de uma resposta urgente e prioritária. Se não abordássemos o bem-estar emocional dos membros da nossa sociedade científica, haveria custos humanos, sociais e econômicos a longo prazo, com enormes consequências.

Sabemos que o isolamento social – especialmente o prolongado – impacta negativamente o bem-estar mental. Embora o estresse seja uma reação física e psicológica normal às demandas da vida, os muitos desafios que enfrentamos durante esses tempos podem levá-lo além da sua capacidade. Assim, essa exposição excessiva e duradoura ao estresse pode levar ao esgotamento físico e mental que nos faz sentir sobrecarregados e incapazes de atender às demandas constantes. Existem diversos estudos que mostram que o isolamento social causa estresse pós-traumático, depressão, ansiedade, exaustão, insônia, preocupações psicossomáticas, frustração, distanciamento, aumento do uso de substâncias, violência doméstica, confusão e raiva. É importante ressaltar que alguns desses efeitos podem ser duradouros.

Resumindo, ao desenhar o programa de assistência emocional aos intensivistas, estávamos cientes da possibilidade de uma pandemia de doença mental e tínhamos que ter uma resposta urgente e prioritária.

Hoje em dia, face às sucessivas vagas de agravamento da Covid-19, ano após ano, mesmo com vacinas, aprendemos que é fundamental ter um plano estratégico que seja abrangente e multidisciplinar e que nos dê uma certa perspectiva apoiada em evidência científica, com dados fiáveis, abordando tanto as doenças mentais como a saúde física.

Pela nossa parte, através do Comité, recomendamos que as necessidades de saúde mental sejam tratadas como um elemento central da resposta à pandemia de Covid-19. É fundamental que a sociedade tenha um horizonte em que haja uma discussão sobre questões de saúde, sociais e económicas que se realize sem lutas entre facções estéreis e contraproducentes, e que nos permita reduzir a incerteza.

Esta obra, como certamente as demais reunidas neste manual, permanecerá como registro, fonte de experiências e propostas para momentos traumáticos.

Por meio de introdução

No início da pandemia

A situação provocada pelo coronavírus SARS-CoV-2 desencadeou uma situação sanitária e social que crescia exponencialmente. Desde os primeiros casos notificados na China, no final de 2019, foram reportadas situações de pessoas afetadas em mais de 180 países em todo o mundo e, infelizmente, com um número crescente de mortes.

Isto tornou-nos conscientes de que o impacto desta situação iria além do espectro de manifestações clínicas da doença, o aparecimento deste novo vírus mudaria radicalmente o modo de vida e a economia de praticamente todas as pessoas num espaço de tempo muito curto. uma realidade para a qual não estamos preparados.

Entre as repercussões mais importantes da pandemia, sabemos sem dúvida a importância de considerar o alto risco de impacto na saúde mental dos profissionais de saúde que tiveram que cuidar de pacientes com Covid-19, em risco de desenvolver doenças mentais. .

Doenças mentais

Os dados científicos baseados em evidências e as intervenções de saúde mental dirigidas aos profissionais de saúde eram escassos.

Considerando que o caráter disruptivo do aparecimento deste vírus trará um efeito traumático que deverá ser processado, o Comitê de Bioética, com mais de trinta anos de existência, propôs à Sociedade Argentina de Terapia Intensiva (SATI), em março 2020 e no contexto da pandemia Covid-19, organizar e oferecer um programa de apoio emocional aos seus associados, profissionais de saúde que, com muita dedicação e generosidade, prestaram atenção e cuidado a toda a população.

No Comitê, desde a sua fundação até hoje, o processo de esgotamento emocional que atinge os profissionais que trabalham com o sofrimento humano nessas áreas, os pacientes e seus familiares têm sido tema de interesse progressivo e contínuo.

Consideramos que as atuais circunstâncias os afetariam psicologicamente e que poderiam necessitar de assistência para lidar com elas.

Medicina Crítica – Medicina Intensiva

É a parte da Medicina que se ocupa de pacientes portadores de uma patologia que atingiu um nível de gravidade tal que representa um perigo potencialmente fatal, atual ou potencial, suscetível de recuperação.

Os profissionais que atuam nessas áreas utilizam um conjunto de procedimentos invasivos, diagnósticos e terapêuticos, essenciais para o manejo de pacientes graves.

Mais de um terço dos pacientes internados em unidades de terapia intensiva apresentam eventos adversos inesperados, sendo as infecções nosocomiais uma das complicações mais frequentes. Por isso deve haver sempre um monitoramento importante nas áreas críticas e que os protocolos higiênicos, de segurança e médicos sejam cumpridos para evitar complicações a esses pacientes, o que se busca é o sucesso da recuperação do paciente, exigindo dedicação da equipe para poder fazer isso. atender a esses requisitos.

É importante reconhecer que o maior esforço durante a Pandemia foi nestas áreas.

O contexto da medicina crítica provoca visivelmente o esgotamento emocional dos profissionais no seu trabalho terapêutico e/ou reabilitativo com o sofrimento humano de pessoas e grupos. Sabemos que tem diferentes formas de expressão, licenças médicas, abandono de áreas de trabalho, aumento do consumo de substâncias, atitude de omnipotência e mudança nas relações entre profissionais e seus entes queridos e dificuldades fundamentalmente graves em torno da eficácia dos diferentes programas desenvolvidos.

Nos últimos anos tem havido uma exigência progressiva dos trabalhadores da saúde para que considerem também o risco e a proteção para eles, na área da saúde mental, chamando-a de necessidade de autocuidado. A experiência clínica no atendimento ao paciente permite a experimentação, experiências sensíveis que partem de sua subjetividade, que entram em jogo na transferência. Por outro lado, as propostas de trabalho com grupos vulneráveis como o caso da pandemia de Covid-19 fizeram com que as pessoas experimentassem, vivenciassem e até fatos em relação ao contexto social, no qual o sujeito e sua vivência estão imersos.

Podemos resumir as circunstâncias frequentes que levam ao trabalho da Terapia Intensiva e da Medicina Crítica em geral nas seguintes situações:

- A aplicação ilimitada de todos os tratamentos possíveis.
- A validade do princípio da autonomia.
- A dificuldade e complexidade de estabelecer a eficácia de um tratamento.
- Quando apenas uma condição irreversível é prolongada.
- Quando o sofrimento é desproporcional.
- Quando os desejos do paciente são conhecidos.
- Quando há claudicação sucessiva de órgãos.

Essas circunstâncias nos profissionais de saúde, como mencionado acima, apresentam maior risco de apresentar problemas de saúde mental como sintomas de depressão, ansiedade, angústia e insônia (Lai et al., 2020).

Com o propósito claro de cuidar de quem cuida, pensou-se que com este programa poderíamos ajudar a processar as situações angustiantes e traumáticas que os trabalhadores de saúde começaram a viver diariamente, que, ao contrário do resto da população, estavam na linha da frente. atenção e não podiam afastar-se dos seus locais de trabalho tradicionais, muito pelo contrário.

Embora durante a Pandemia tenham começado a ser sugeridas diferentes formas de ajuda, este Programa de Apoio Emocional teve (e tem) a intenção de poder intervir numa situação de crise com tempo limitado, privilegiando a escuta como forma privilegiada de contenção, sem tentar realizar uma prática psicoterapêutica tradicional (Puget & Wender, 1982).

A presença de psicólogos e psicanalistas na nossa equipa permitiu-nos desenvolver um quadro teórico de referência, para podermos designar, descrever, explicar e intervir em processos de Riscos de Equipa, Burnout e Autocuidado.

A prática clínica e a perspectiva teórica psicanalítica permitiram-nos fundamentar os modelos de intervenção tanto individualmente como em dinâmicas de grupo nesses espaços de elevado risco emocional onde a nossa intervenção foi exigida.

Conhecer os conceitos bionianos sobre grupos e tarefas que os unem, implantar a mentalidade grupal foi esclarecedor, bem como compreender as angústias muito bem estudadas por Pichon-Riviere, que mantém a importância de poder trabalhar com elas para evitar defesas e dinâmicas disfuncionais que constituem um risco para pessoas e grupos, particularmente para aqueles que realizam o seu trabalho com situações críticas de risco.

Por outro lado, o Comitê de Bioética desde a sua criação priorizou a consideração da questão do Burnout (Freudenberger, 1974); tentando descrever, interpretar e propor modalidades de intervenção que promovam competência para processos de enfrentamento do estresse e reduzam-no.

A Síndrome de Burnout é definida como "uma resposta ao estresse emocional crônico cujas principais características são a exaustão física e psicológica, uma atitude fria e despersonalizada nas relações com os outros e um sentimento de inadequação nas tarefas a serem executadas" (Maslach, Jackson, 1981). É aplicável para ajudar os prestadores de serviços, que se utilizam como ferramenta no trabalho com outras pessoas. Está associada ao envolvimento excessivo por parte do profissional, o que aumenta as possibilidades de sensação de fracasso, deterioração da saúde mental e desejo de abandonar o trabalho. No caso dos profissionais de saúde mental, aumentam sua vulnerabilidade e risco devido à exposição constante aos traumas de seus pacientes.

Objetivos do programa de assistência emocional

- Conter a ansiedade e apoiar a equipe de saúde para evitar danos a si ou a terceiros.
- Orientar a utilização e/ou aprimorar redes de apoio
- Promover o reconhecimento e o fortalecimento dos seus próprios recursos, com a ideia de permitir que os consultores enfrentem esta situação esmagadora.
- Trabalhar em diálogo interdisciplinar, para desenvolver modos de intervenção.

Material e métodos

Contato e enquadramento

O SATI, com a colaboração de seu Suporte Técnico, colocou em seu site o seguinte endereço de e-mail apoyoemocional@sati.org.ar

Através deste e-mail, qualquer membro do SATI poderia entrar em contato com a equipe para fazer sua consulta, ficando à vontade para fornecer seu número de telefone ou e-mail para estabelecer contato.

Uma vez atribuído o caso, os profissionais responsáveis pelo programa entrarão em contato com o solicitante por telefone ou e-mail.

O contato seria feito da seguinte forma:

1. Apresentaríamos-nos como uma equipe do Programa de Apoio Emocional SATI.
2. Seria proposto o FRAME, explicando que este seria um serviço que funcionaria durante a crise do Covid-19. Seria também mencionado que seria uma intervenção breve, embora se necessário novas consultas seriam levantadas.

3. Por fim, ficaria muito claro que seria um serviço gratuito e que não constituiria de forma alguma uma terapia, o que era muito importante explicitar, pois algumas pessoas poderiam ter falsas expectativas a este respeito.

Escuta em medicina crítica – Atitude e características de escuta

Neste tipo de trabalho saímos para a comunidade de intensivistas com uma espécie de escuta ativa e envolvida, buscando estabelecer espaços de confiança e troca com os consultores, para que o sofrimento emocional e seus efeitos se transformem em uma rede de cuidado mútuo.

Trata-se de ouvir o que o consultor sente, acompanhá-lo no trato do que é problema e do que não é, abrindo espaço para possíveis transformações da sua realidade. As intervenções seriam cuidadosas, receptivas, evitando emitir julgamentos ou opiniões. A atenção estaria fundamentalmente focada nas características dos estressores, desinformação, medos, frustrações etc.

A atitude dos profissionais envolvidos tem características semelhantes àquelas que seriam mantidas em uma consulta paciente ou institucional: distância correta e empática, sem frieza, mas também sem proximidade excessiva. Esse tipo de escuta significa: escutar na prática "com" o outro, cujo objetivo se consolida em torno da saúde coletiva. As intervenções teriam sempre como objetivo promover a resiliência dos clientes, através da ressignificação da experiência, da valorização e/ou desenvolvimento de estratégias de coping eficientes e do fortalecimento das redes de apoio social disponíveis.

Os psicanalistas que atuam em instituições de saúde tentam reforçar a ideia de que a psicanálise pode e é capaz de ser praticada nessas áreas, apesar de sofrer permanentemente o ataque de políticas que lhe são adversas, mas os tratamentos institucionais são aceitos e têm limite de tempo.

Foi muito importante que, visto no pós-pandemia, quando ocorriam surtos de pacientes Covid-19 a cada ano, propuséssemos em nosso comitê a manutenção deste programa, considerando a possibilidade de continuar a promover atendimento clínico a pessoal evidentemente desgastado e exausto , adaptando nossa técnica às condições reais.

Atividades realizadas em meio à epidemia de Covid-19

- Reuniões de equipe com reuniões virtuais periódicas.
- Avaliação das consultas recebidas e discussão das ações a seguir.
- Participação nos Ateneus SATI.
- Atividades acadêmicas de outras instituições universitárias e práticas comunitárias.
- Apresentação do programa e divulgação de seu conteúdo psicoeducativo baseado no impacto da pandemia na saúde mental dos profissionais atendidos, estratégias de autocuidado e recursos de enfrentamento.

As entrevistas virtuais solicitadas via e-mail: foram desenvolvidas remotamente, por um ou três profissionais da equipe com o consultor para definir os principais problemas e ações a serem tomadas.

Alguns fizeram a consulta individualmente, com base nas experiências que os atormentaram. Outros faziam em grupo, procuramos estabelecer o máximo de avaliação parcial

Avaliação parcial

Este Programa criado em março de 2020, com autorização e apoio da Sociedade Argentina de Terapia Intensiva, é sustentado dadas as circunstâncias. Os profissionais intervenientes dispõem de um registo das consultas, para documentar a informação e para efeitos de um acompanhamento adequado ao longo do tempo.

Este tipo de experiência suscita a necessidade de diálogo constante com a equipe de trabalho, para que as angústias que surgem na interação possam encontrar reflexão e transformação.

Algumas consultas, pela sua complexidade, requerem discussão e diferentes abordagens no atendimento clínico, para serem encaminhadas em tempo hábil para centros de atendimento psicoterapêutico e/ou psiquiátrico, quando as circunstâncias assim o exigirem.

O objetivo permanente é ser capaz de reconhecer e ajudar a recuperar o uso dos recursos do ego perdidos durante a crise.

A metodologia ideal para este tipo de programa baseia-se sempre na intervenção partilhada pela equipa para o apoio e inter-relação entre os seus membros.

Não podemos deixar de referir que com este programa tivemos a oportunidade pela primeira vez na nossa instituição (SATI), a partir do Comité de Bioética, de propor e organizar um dispositivo com estas características.

Embora o nosso país tenha vivido outras circunstâncias dolorosas e esmagadoras para os profissionais de Terapia Intensiva que participaram ativamente no seu papel de cuidado (os ataques terroristas perpetrados contra a Embaixada de Israel e a AMIA, tragédias comunitárias como a de Cromañón (incêndio num local de dança e o que aconteceu na estação ferroviária de Once), foi a Pandemia que permitiu sustentar um programa desta natureza. Comunicação possível, com a ideia de proporcionar a escuta.

Resultados

Qual foi o impacto do programa na comunidade a que se destina?

Somos todos sobreviventes de uma pandemia porque, em maior ou menor grau, todos ficamos com consequências físicas e psicológicas, as nossas vidas foram modificadas, os laços sociais foram rompidos, ficámos isolados dos entes queridos e o medo da morte subsumiu--nos em um presente contínuo que quebrou a temporalidade. Às vezes, sentíamos que nada mais estava acontecendo e que não tínhamos um futuro previsível. Atualmente ainda atravessamos um momento de grande exigência psíquica.

Depois de três anos, há poucos estudos focados nas consequências para a saúde mental sofridas pelos profissionais de saúde.

No caso do nosso programa, os resultados poderiam ser avaliados de forma diferente dependendo do tipo de consulta, categorizamos os principais problemas percebidos pelos consultores da seguinte forma:

- ansiedade intensa, angústia, desconforto, incerteza, cansaço e desmotivação;
- perda de rotinas e tradições, estresse, fadiga por compaixão, além de danos morais, podendo desencadear transtornos mentais como depressão, transtorno de estresse pós-traumático e até ideação suicida;
- dificuldades de adaptação a novas formas de trabalho e protocolos gerados institucionalmente;
- conflitos com outros membros da equipe de trabalho;
- novas formas de interação com pacientes e familiares;
- contato com pacientes e familiares em momentos de agonia sozinhos;
- sentimentos de solidão por não ver familiares e amigos para evitar o contágio.

Ressalta-se que, na avaliação dos resultados, procuramos reconhecer comportamentos indicativos de alterações na saúde mental dos profissionais de saúde em áreas críticas, a fim de mitigar seus efeitos, implementando estratégias com alto grau de qualidade e fornecendo suporte que promover o crescimento pós-traumático necessária.

É importante também mencionar que houve alguns profissionais que realizaram consultas durante a Pandemia em nome de todo um grupo que sofria das mesmas preocupações. Na medida do possível fornecemos ferramentas para superar as sensações expostas.

Muitas das consultas foram relacionadas ao tema do luto, principalmente naqueles profissionais que viram seus pacientes morrerem sozinhos, tendo que comunicar isso aos seus familiares por telefone ou remotamente, devido às restrições que estavam vivenciando, sem poder se despedir ou cerimônias fúnebres., dificultando o acompanhamento (Marrero, 1994).

Por outro lado, pudemos verificar que nas diferentes instituições onde foram evidentes os danos emocionais do pessoal de saúde durante a Covid-19 e suas consequências até o momento, elas se mostraram mais abertas para começar a utilizar algumas técnicas como: focar grupos, grupo Balint, pesquisas, questionários, como mecanismos de apoio e para evitar abandono ou deserção por profissionais especializados em terapia intensiva–

A transformação mais evidente ocorreu nos últimos congressos nacionais e internacionais da especialidade, o tema do cuidado em saúde mental como forma de prevenir complicações na tarefa, teve lugar predominante, em mesas redondas, conversas e oficinas sobre o tema.

Esses programas devem continuar, por isso continuam a ser oferecidos no site da sociedade, a cada ano continuam aparecendo casos, talvez não da magnitude do primeiro momento, mas com risco para o pessoal de saúde, que em grande parte convivia com uma realidade perturbada. com um desmantelamento traumático de sua psique.

Algumas reflexões

O coronavírus SARS-Cov-2 afetou o mundo inteiro, especialmente os profissionais de saúde em áreas críticas, que até hoje sofrem um elevado impacto emocional, que desafia os mecanismos de regulação e a capacidade de adaptação, para manter um estado ideal de saúde mental (Freud, 1998a).

As diversas manifestações clínicas da Covid-19, a falta de algoritmos claros de manejo (ou a má divulgação dos já desenvolvidos), a elevada mortalidade, geraram sentimento de desamparo, perda de controle, incerteza e frustração nos profissionais que tratam (Gherardi, 2007).

Eles também tiveram uma influência negativa:

- os rigorosos requisitos de biossegurança;
- o desconforto do equipamento de proteção;,
- falta de equipamento suficiente;
- a necessidade de permanecer constantemente hipervigilante para evitar a contaminação, a falta de espontaneidade na convivência com o resto dos colegas;
- o medo de infectar familiares, parceiros e amigos.

É importante mencionar que nem todos os profissionais de saúde vivenciam o mesmo impacto emocional ao lidar com o estresse psicológico da pandemia.

Muitos trabalhadores, predominantemente homens, foram influenciados culturalmente a ignorar os seus afetos, priorizando o trabalho em detrimento das necessidades pessoais, evitando demonstrar sinais de medo ou cansaço, que consideram uma "fraqueza" e, por isso, são os que menos procuraram apoio emocional no trabalho. diante da crise. Pelo contrário, as mulheres com maior medo de contágio, tanto pessoalmente como para a família, em comparação com os homens, sentiram-se mais vulneráveis e consultaram em maior proporção para tentar prevenir ou sofrer de um problema de saúde mental (Esquivel-Acevedo et al., 2020).

Atualmente, o pessoal de saúde é maioritariamente feminino; a perpetuação de papéis e estereótipos de género impõe subliminarmente o cuidado das crianças e dos familiares doentes e o trabalho doméstico. Assim, esta crise os coloca numa situação de sobrecarga emocional.

A resiliência como fator de proteção individual permitiu-nos lidar com as adversidades e recuperar espontaneamente, bem como outros fatores de proteção: enfrentamento positivo com atitudes decisivas, planejamento de soluções realistas para os problemas enfrentados, autoafirmação e introspecção. Eles estavam canalizando sentimentos sobre o estresse por meio de atividades produtivas e senso de humor.

Foram avaliados outros fatores de proteção, como: valorização do autocuidado, capacidade de pedir ajuda, espiritualidade, estilo de vida saudável, possuir redes de apoio, possuir habilidades e hobbies como pintar, ouvir música, ler, escrever etc.

Sabemos que as reações emocionais podem ter intensidade leve ou excessiva, e podem fazer com que as pessoas desenvolvam medidas de enfrentamento positivas para se adaptarem a um novo ambiente, ou, pelo contrário, gerar comportamentos desadaptativos a nível emocional, comportamental ou cognitivo. impedir a tomada de decisão adequada (Espinosa & Koremblit, 2009).

Se a exposição ao estresse ou a dificuldade de adaptação não diminuir, podem surgir quadros psicopatológicos mais graves, como transtorno de estresse pós-traumático, transtornos depressivos, transtornos psicossomáticos ou comportamentos suicidas. Os transtornos adaptativos surgem quando o sujeito enfrenta um estressor prolongado ou maior do que o esperado, de modo que as reações emocionais e comportamentais tornam-se persistentes, contribuindo para o aparecimento de sintomas de ansiedade ou depressão, que geram uma distorção na percepção de si mesmo e do mundo ao seu redor (Freud, 1998b).

A intervenção de apoio procura dotar o pessoal de saúde de estratégias para enfrentar a crise da Covid-19 da melhor forma possível.

Conclusão

Não podemos tirar conclusões definitivas, o Programa de Apoio Emocional surgiu num momento crítico, tem se espalhado ao longo do tempo devido a novas ondas de contágio, embora as mortes por Covid-19 tenham diminuído, grande parte do pessoal de saúde foi gravemente afetado psicologicamente., com sinais de medo do futuro, com novos surtos da doença ou com o aparecimento de outras epidemias que sobrecarreguem o sistema de saúde, como é o caso em nosso país do aparecimento excessivo de casos de dengue, mais um desafio desta fase pós-pandemia . O conhecimento sobre o vírus aumentou, a vacinação em massa do pessoal de saúde foi alcançada, mas os relatórios destacam a natureza crónica dos problemas de saúde mental no pessoal de saúde; mesmo 3 anos após o ponto mais crítico do surto.

Por isso é importante sensibilizar as autoridades do sistema de saúde, insistindo na importância de avaliar periodicamente a saúde mental dos funcionários, instalar continuamente estratégias de prevenção e apoio a esta população, ter informação atualizada que permita melhorar as decisões de saúde e a implementação de medidas psicológicas. programas de apoio.

Através da nossa sociedade, SATI, uma conquista importante foi a assinatura de um acordo com o Observatório Social, a Faculdade de Salvador e a Sancor Salud, desenhando um programa de assistência gratuita através de oficinas, para prevenir o esgotamento emocional do pessoal de saúde em todo o país de livre participação. Também desenhamos um programa de assistência à saúde mental, estabelecendo diversas linhas de colaboração com outras comissões da nossa Sociedade.

A ideia permanente é tornar visível a importância do apoio emocional de quem trabalha arduamente na primeira linha de ação, para dar uma resposta à sociedade como um todo em tempo de crise, percebendo a relevância que adquirem métodos específicos de escuta e intervenção.

Este trabalho do Comité de Bioética gerou uma linha interna de colaboração entre os diferentes membros da nossa instituição, num clima de respeito e colaboração entre as diferentes áreas profissionais. Este efeito de grupo foi muito importante e enriquecedor para a nossa Comissão. Temos sido valorizados por outros espaços para nos pensarmos e pensarmos como participantes de um dispositivo, importante em relação às intervenções na comunidade.

Esperamos continuar investigando temas ligados aos efeitos traumáticos e disruptivos que esta pandemia trouxe, bem como os diferentes sofrimentos que este contexto específico despertou, e como isso impacta a psique do pessoal de saúde em áreas críticas.

Em síntese, este dispositivo aplicado na situação atual, continua atento à prestação de assistência, face à situação gravíssima que a especialidade atravessa com elevado grau de abandono dos espaços de trabalho, perdendo assim um recurso humano inestimável.

Os membros deste programa agradecem muito à Sociedade Argentina de Terapia Intensiva, pelo apoio institucional mencionado acima. Como psicanalistas pretendemos mostrar este trabalho nas áreas de nossa especialidade, não apenas com aplicações teóricas, mas também com mudanças técnicas no trabalho com o pessoal de saúde, até que as condições de emergência sejam superadas.

Enfrentamos a pandemia com certo estado de negação, mas acima de tudo aprendemos a conseguir aliviar adequadamente a violência da morte, incluindo todos os envolvidos, paciente-família e equipe de saúde.

É por isso que, ao garantir a continuidade desses programas, podemos continuar acumulando experiências para poder compartilhá-las.

Depois desta pandemia, creio que não voltaremos a ser os mesmos, nem como pessoas nem como profissionais. Estamos convencidos que devemos estar melhor preparados, e nesta reconversão, melhorar os planos de contingência e estar adaptáveis às mudanças.

É fundamental termos planos estratégicos abrangentes e multidisciplinares e que nos dêem uma certa perspectiva apoiada em evidências científicas, abordando a doença mental a par da saúde física.

Ou seja, as necessidades de saúde mental devem ser tratadas como um elemento central, é fundamental que a comunidade tenha um horizonte em que haja uma discussão sobre questões de saúde, sociais e económicas que se realize sem lutas estéreis e contraproducentes, e que nos permita reduzir a incerteza.

É fundamental que o Estado tome todas as medidas para garantir que esta situação seja o mais tolerável possível para as pessoas, reduzir a incerteza é ter sempre uma comunicação clara e transparente que nos permita saber o que está a acontecer e porque é que está decidido. é a base da confiança.

Nosso trabalho sempre teve um conceito claro: Não fomos por causa da doença, a doença veio para o nosso país e para o mundo, mas como equipe de saúde foi necessário enfrentar essa pandemia como parte do nosso trabalho e também por vocação profissional.

Referências

Espinosa, R.; & Koremblit, M. (2009). La intimidad, lo público y lo privado según las épocas" XXI. *Simposio y Congreso Interno de APdeBA*.

Esquivel-Acevedo, J. A., Sánchez-Guerrero, O., Ochoa-Palacios, R., Molina-Valdespino, D.; & Muñoz-Fernández, S. I. (2020). Estrés, respuestas emocionales, factores de riesgo, psicopatología y manejo del personal de salud durante la pandemia por Covid-19. *Acta Pediátrica de México, 41*(S1), 127-136.

Freud, S. (1998a). El malestar de la cultura. In *Obras completas, tomo XXI*. Amorrortu.

Freud, S. (1998b). Duelo y Melancolía. In *Obras completas, tomo XIV*. Amorrortu.

Gherardi, C. R. (2007). *Vida y muerte en terapia intensiva*. Editorial Biblos.

Lai, J., Ma, S., Wang, Y., Cai, Z., Hu, J., Wei, N. et al. (2020). Factors Associated With Mental Health Outcomes Among Health Care Workers Exposed to Coronavirus Disease 2019. *JAMA Netw Open*. 3 (3):e203976.

Marrero, M. et al. (1994). Atención a la familia. Claudicación Familiar. In M. G. Sancho. *Cuidados Paliativos e Intervención Psicosocial en Enfermos Terminales*. Ed. Instituto Canario de Estudios y Promoción Social y Sanitaria. Las Palmas de Gran Canaria. pp 289-308.

Puget, J.; & Wender, L. (1982). Analista y paciente en mundos superpuestos. *Psicoanálisis, 4*(3), 503-536.

Parte III

A psicanálise na escola

10. Jogaram um menino negro na lata de lixo: roda de conversa entre educadores e psicanalistas

Alice Becker Lewkowicz, Flavia Friedman Maltz, Andrea de Andrade Etzberger, Carlos Augusto Ferrari Filho, Carmem Keidann, Denise Vivian Lahude, Dionela Pinto Toniolo, Joyce Goldstein, Magaly Wainstein, Rosangela Costa e Suzana Deppermann Fortes

"Agora o lixo vai falar"
Lélia Gonzalez

Somos um grupo de psicanalistas que trabalha numa parceria da Sociedade Psicanalítica de Porto Alegre com a Secretaria Municipal de Educação.

As ideias que trazemos para este debate são fruto da interlocução entre educadores e psicanalistas que há 18 anos realizam Rodas de Conversa com o objetivo de oferecer um espaço de fala e de escuta sobre o cotidiano vivido nas escolas públicas localizadas em áreas de populações socioeconomicamente vulnerabilizadas que, na sua maioria, se localizam em bairros da periferia da cidade.

Nosso trabalho até 2020 tinha como foco as escolas de educação infantil. Atualmente esta parceria vem participando de novos projetos para tentar colaborar no enfrentamento das situações de violência que se agravaram na comunidade escolar.

Consideramos importante destacar a excepcionalidade dos tempos vividos entre 2020/2023, na medida em que esse retorno está repleto de peculiaridades a serem levadas em conta. Não se trata, neste momento, de resgatar conteúdos perdidos, mas sim de se realizar um intenso trabalho visando a reatar os laços sociais rompidos.

Laços rompidos pela necessidade de manter a própria vida frente à ameaça do vírus da Covid-19 e pela falta de atendimento médico; pela perda de entes queridos; pela perda do emprego; pela violência doméstica exacerbada pelo confinamento nesse momento de tantas ameaças; pelo desmando dos governos de quem se esperariam diretrizes e proteção, quando a marca foi um "salve-se quem puder". A grande maioria fica entregue a condições precárias em termos de qualquer política pública de amparo.

E a escola, principal espaço de vínculo para crianças e adolescentes, onde a convivência com a equipe de educadores e com seus pares oferecia estabilidade e previsibilidade estruturantes para o seu desenvolvimento, se destaca dentre as principais perdas durante a pandemia. Estas tiveram consequências complexas, que devem ser compartilhadas com todos os setores da sociedade, para que o peso não sobrecarregue as equipes das escolas.

Os atos violentos e os sintomas depressivos dos estudantes, mais presentes neste momento, são *gritos desesperados* que clamam por laços de amparo que os protejam das constantes e diversas ameaças a que estão expostos, promovendo esperança de vida e não apenas sobrevivência.

A pandemia e o distanciamento social impactaram negativamente na saúde mental de todos, incluindo estudantes, professores e famílias; entretanto, é difícil mensurar a intensidade, extensão e natureza desse efeito em cada um.

De acordo com dados da Secretaria Estadual de Educação de São Paulo, apenas nos dois primeiros meses de aula de 2022 foram registrados mais de 4 mil casos de agressão física nas escolas estaduais. Isso representa um aumento de 48,5% se comparado com o mesmo período de 2019.

E esta tem sido a realidade da educação pública na maioria das cidades brasileiras.

A preocupação com a violência não é novidade na nossa parceria com a SMED. Nos quatro anos que antecederam a pandemia, quando só trabalhávamos com a educação infantil (de 0 a 6 anos), os temas escolhidos para as RC se centravam na violência nos vários âmbitos destas escolas e esta advém do desamparo em que vivem essas comunidades escolares.

Para ilustrar estas considerações iniciais, apresentaremos um exemplo clínico.

> EM UMA Roda de Conversa, realizada em nov/2022 entre educadores e psicanalistas, uma diretora apresentou um vídeo filmado por alunos da sua escola em que um menino negro de 8 anos era jogado em uma lata de lixo durante o recreio.

Por que esta cena?

Nas Rodas de Conversa SPPA-SMED somos todos colocados frente a frente; na verdade, ficamos imersos em situações limite que nos desacomodam e nos levam a questionar, muitas vezes, nossa capacidade de compreensão da realidade.

Nas escolas onde esse trabalho é realizado, a noção de sofrimento psíquico amplia-se para além do individual, abrindo-se em direção a contextos que precisam ser pensados dentro do espectro do traumático social. Como é o caso da situação vivida em uma escola de Porto Alegre e documentada nessa rápida cena aqui descrita. A equipe de psicanalistas se propôs a assistir ao vídeo e escrever sobre as impressões causadas pelo mesmo.

Gostaríamos de registrar que nós, colegas psicanalistas da SPPA, em geral compartilhamos a percepção de que a situação vivida nesta escola é permeada pelo racismo. Pensar sobre a negritude, a partir do ponto de vista da branquitude, implica compreender a realidade a partir de uma perspectiva que não é a nossa e que pode estar condicionada por pontos cegos devidos aos nossos preconceitos.

O processo de escuta psicanalítica foi essencial na RC como continente da cena trazida pelo vídeo. Tudo parece estar na cena, mas na realidade há uma fronteira invisível que se impõe, um acordo tácito na sociedade brasileira: não se falar sobre o racismo. Através do vídeo ilumina-se a situação; mas o calor vivo e pulsional, a conflitiva e o incômodo são expressos pela diretora que não prioriza a violência do racismo subjacente. Perplexos, psicanalistas e professores, somos desafiados pela dinâmica da RC a expressar um mosaico de emoções, permitindo legitimar uma narrativa para dar conta do que ali está dissociado, fazendo com que se promova reflexão, acolhimento e ajuda mútua.

Relato da Diretora da Escola

> A Escola está organizada com alunos de séries maiores pela manhã e os pequenos à tarde, já pensando no recreio. Então pela manhã durante o recreio um grupo de alunos de 7, 8 e 9 anos, andavam com uma brincadeira de pega-pega. Porém já vinham sendo observados pelos funcionários que cuidam do recreio. O motivo é que sempre passavam algum trote nos alunos menores.

FIZERAM ALGUMAS investidas: na primeira, o aluno conseguiu escapar e os agressores foram advertidos sob pena de ficarem sem recreio; se dispersaram, mas não demorou muito tempo retomam voltam e pegam outros dois meninos, e só então fomos entender o que planejavam, pois foi muito rápido. Correram com os meninos no colo e os jogaram dentro da lixeira de papel reciclado, que é bem grande e fica no pátio durante o dia e deveria estar fechada, o que não temos como lembrar se foi esquecimento da equipe de limpeza ou os alunos abriram sem notarmos, já que planejaram a brincadeira inadequada. A orientação de lixeira fechada é porque em outros recreios pegaram canudos de papelão e começaram uma "lutinha" de espadas e poderiam se machucar.

HOUVE A intervenção imediata dos funcionários; os adolescentes foram levados ao SOE (Serviço de Orientação Educacional) e o menino que foi jogado foi para fazer o registro da agressão. Enquanto fazíamos o procedimento- que é lento, pois temos que fazer a escuta, os registros, identificar os demais participantes-, chegam o pai e a mãe de um dos meninos, o pai extremamente raivoso, proferindo ameaças de denúncia de racismo, processo de indenização e ao mesmo tempo querendo saber quem foi o agressor, que ele iria para tomar outras providências.

A DIREÇÃO tentava explicar que já estávamos tratando do ocorrido e que eles tinham que se acalmar, e só então ficamos sabendo que o incidente havia sido filmado pelo grupo e divulgado na mídia.

ENTÃO PASSAMOS a buscar quem filmou e incluir no bullying ocorrido também o cibernético. O pai não quis saber de nada e gritou, dizendo que a escola iria abafar o caso e que ele entraria com processo e iria tirar um dinheiro da escola. Foi dito ao pai que ele tinha o direito de fazer o que entendesse correto. A mãe por fim conseguiu se acalmar e tentou acalmar o marido, mas ele não aceitou, e foram embora.

A ESCOLA chamou os familiares dos envolvidos. Tivemos conversas de mediação, encaminhamos o fato ao Conselho Tutelar e repactuamos a postura durante o recreio. Na nossa avaliação, não houve escolha de

> meninos negros para o trote, mas abordamos com recorte racista para que fosse educativo e buscar que os alunos refletissem sobre o erro. Ficaram suspensos da escola até termos a conversa no Conselho Tutelar.
>
> DEPOIS A família do menino optou por não o mandar mais para escola. Ligamos várias vezes, falamos com a mãe- ela também era nossa aluna na EJA e tem outros filhos na escola que continuaram frequentando normalmente. Falamos com Suel, e ele dizia que por ele viria, mas o pai não deixava.
>
> O PAI foi na casa dos alunos envolvidos fazer ameaças graves, entrou com denúncia policial no DECA e processo judicial de indenização por racismo. A escola já respondeu e não temos notícias atualizadas dos processos. Neste ano de 2023, o aluno volta a aula normalmente.
>
> A ESCOLA sempre trata de todas as demandas de bullying, racismo, discriminações etc., mas com um recorte educativo, tanto que temos projetos na escola em que os alunos participam: montaram um teatro sobre os temas que eles apontam de sofrimento dentro e fora da escola. Rodas de Conversas com parcerias de profissionais, rede de saúde, formação dos professores.

Queremos enfatizar que neste relato aparece uma escola com um funcionamento organizado e com uma preocupação em propiciar aos alunos um ambiente onde os laços sociais de convivência possam ser respeitados.

Comentários feitos pelos psicanalistas

Em uma Roda de Conversa híbrida cinco psicanalistas brancas se encontraram presencialmente na SPPA, enquanto seis professoras, das quais duas eram negras, participaram online. Este formato já produzia uma certa dificuldade no fluxo da discussão. O clima na RC estava tenso, pois a diretora que trouxe o relato e o vídeo acima descritos, argumentou que o problema da violência era generalizado e que não se tratava de uma questão racial, com o que as psicanalistas não concordavam. Ela ainda relatou ter encaminhado a situação ocorrida para a Secretaria de Educação e ouviu a assessora dizer: "Coitadinho do menino, Fulana, é negro!", entendendo que a assessora teria atribuído um componente racista à violência cometida pelos adolescentes brancos, o que para ela estava "fora do contexto do problema". Para a diretora o pior foi o "uso" que os pais fizeram da situação, entendida também por eles como expressão de "racismo", para "ir contra a escola, como se professores e direção não tivessem tomado as devidas atitudes para dar conta do sofrimento do menino e punir os adolescentes". Inclusive, disse, ouviram os pais dizerem que, com isso, conseguiriam "algum dinheiro" como indenização. É de se ressaltar o interesse dos pais que "ameaçam" a escola, porque não estão indiferentes aos maus tratos com o filho. Entretanto, reclamarem do ataque racista ao filho e serem indenizados ficou sendo visto como quererem "tirar vantagens" do acontecido.

Uma psicanalista presente na Roda de Conversa argumentou que a questão racial sim, estaria implicada no acontecimento. A diretora revoltou-se, argumentando que também havia negros participando da agressão e que não apareceram no vídeo. A opinião das professoras se dividiu e as psicanalistas, em sua maioria, concordaram que o racismo estaria implicado no acontecimento.

As professoras comentaram que a violência de jogar alunos na lata de lixo é comum nos recreios, mas não consideraram relevante o fato de aquele menino ser negro. Parece repetir-se aqui o que é uma constante nas manifestações de racismo no Brasil: frente às agressões que envolvem o racismo contra os negros, sempre há um argumento que minimiza o componente estrutural do fator racista na crueldade manifesta nessas situações.

Como entender a postura da diretora, parceira de longa data e conhecida como educadora "guerreira" pelos direitos das crianças e professores?

Estamos vivendo um momento de extremo desgaste dos laços sociais e a escola está sendo o alvo que, ao se desestruturar, necessita de políticas públicas que criem condições melhores de trabalho para os professores. Talvez, dentre essas medidas, pudéssemos nos inserir como um dos instrumentos de pensabilidade deste caos que, a nosso ver, viceja sobre o racismo no país.

Um psicanalista homem e branco que assistiu ao vídeo comentou que "não havia dúvida de que, em um tempo em que a sociedade em geral está (mais) atenta à questão do racismo, considerando que o menino jogado, como se estivesse sendo descartado, era de cor preta, talvez mulato e, dos três que o pegaram, dois eram de cor branca, que o vídeo produzisse no observador um mal-estar vinculado à tradução da cena dentro de um viés de racismo". Ao assistir por seis vezes a cena, conseguiu escutar um barulho grupal e uma voz masculina, um comando que instigava: "E aí, alemão, joga ele!", a que se seguiu uma algazarra, como uma descarga, do tipo "satisfação instantânea", quando vozes masculinas e femininas se regozijaram após o menino desaparecer na lixeira. Em seguida o psicanalista levantou que, "dentro do conjunto de interpretações possíveis que essa cena produz, certamente muitos poderiam acentuar o viés do racismo, mas, pensando em seu contexto maior, preferi incluí-la como fazendo parte dos jogos de poder, de conteúdo sádico, na verdade, dos rituais de passagem, que a todo momento acontecem em ambientes grupais adolescentes. São situações explosivas, com intensa carga emocional sádico-masoquista, que pertencem ao atávico desafio no sentido de demarcação da individualidade, dentro de um funcionamento grupal que, por definição, exige em troca da afirmação no grupo, exatamente o contrário, ou seja, o apagamento do indivíduo."

Uma terceira psicanalista pensou em "dois vértices se entrelaçando, o primeiro seria sobre o contexto grupal de pré-adolescentes em um movimento de domínio, de demonstração de força frente a um componente frágil do grupo – típico das relações grupais entre meninos dessa idade, onde uns são os fortes que dominam e submetem um mais frágil. Quem são os escolhidos? O outro tem a ver com a escolha da "vítima: é porque é negro? É porque mostrou-se passivo? Seriam ambos?" Pareceu-lhe que essa terceira opção seria a que se aproxima mais do ocorrido e sentiu-se mal vendo o menino, frágil, paralisado e sendo jogado no lixo!

A quarta psicanalista lembrou-se "de que, em meio às eleições presidenciais no Brasil, foram registrados vários episódios de xenofobia e racismo em escolas de elite do sul e sudeste do país, recrudescendo a preocupação de educadores e movimentos negros com a discriminação racial no Brasil. "Armados de uma conduta verbal extremamente agressiva, alunos de algumas escolas de classe média alta protagonizaram, de forma escancarada, manifestações de ódio e preconceito contra estudantes negros". Ela se questiona sobre a estranha correspondência entre a expressão de um racismo explícito e ostensivo ocorrido na escola de classe média alta e a negativa da diretora negra de uma escola da periferia e de população predominante de baixa renda, negra e parda, de admitir o viés racista na cena descrita por ela, embora atribuída aos pais do menino e à funcionária da Secretaria de Educação, sugerindo uma dissociação, repressão e projeção da ideia racista.

Ao assistir ao filme, a quinta psicanalista percebeu "que o menino jogado na lata de lixo não havia protestado, demonstrando passividade, ao mesmo tempo que outro menino negro presente no vídeo também este não esboçou qualquer reação e que tudo na cena parecia ser muito natural". Ocorreu-lhe a ideia de que um ser humano havia sido jogado na lata de lixo, local de descarte de algo que não presta mais e não tem serventia: o pobre, em geral negro e pardo, é tratado como representante do que não tem valor na sociedade branca e racista. Esta condição evoca o conceito de *homo sacer* (Agamben, 2002). Nesta obra este autor traz à luz o vínculo que sempre ligou a *vida nua*, a vida natural não politizada, ao poder soberano, que submete a vida humana a sua lógica de violência e controle e desprovida de qualquer proteção jurídica. Uma obscura figura do direito romano arcaico será a chave que permitirá uma leitura crítica de toda nossa tradição política: o *homo sacer*, um ser humano que podia ser morto por qualquer um impunemente, mas que não devia ser sacrificado segundo as normas prescritas pelo rito. O tema vincula-se com a época atual, uma vez que o corpo biológico do cidadão veio a ocupar uma posição central nos cálculos e estratégias do *poder estatal*, cuja política tornou-se *biopolítica*, em que o campo de concentração surge como o verdadeiro paradigma político da modernidade. Agamben defende a necessidade de uma política que reconheça a dignidade da vida humana e que proteja os indivíduos da violência do Estado.

Pensou, ainda, na reciclagem do "material" deste episódio, considerando-o como uma dramatização/comunicação dos alunos, brancos e negros, de como se sentiam no retorno às aulas – seres humanos que haviam perdido a escola, os alimentos e a assistência dos educadores, cujas famílias perderam acesso à renda, que passaram fome, que não tinham acesso à saúde, que ficaram à mercê de um Estado sem políticas para assistir sua população e com projeto evidentemente genocida. Seres humanos tratados como lixo e a escola como essa lata onde todos os dejetos foram lançados à espera de reciclagem. Por outro lado, a exaustão dos educadores, representados massivamente por mulheres, cujo trabalho encontra-se historicamente no patamar dos menos valorizados, uma vez que é associado à maternagem e ao cuidado, que exigiria menos formação e mais vocação, desempenhando o papel de faxineiras mal remuneradas e mal assistidas para dar conta da sujeira/violência nas escolas. Quanto à diretora, que negou categoricamente tratar-se de violência racista, estaria ela identificada, na sua condição de autoridade na escola, com uma posição de branquitude/poder que a faça negar o racismo? Ou será que, por ser negra, está tão "acostumada" com o racismo estrutural naturalizado da branquitude, que não o vê, o que foi ilustrado pela ausência de protesto do menino jogado no lixo e do outro menino negro que assistiu à cena passivamente? Esta negação foi surpreendente para nós, como se a diretora quisesse dizer que, sendo ela negra e que se fosse um ato racista, ela saberia. Ela também parecia não querer (ou não poder) admitir que o racismo pudesse ter sido um fator determinante no ataque.

Quais serão os destinos dados para aquilo que marca o corpo do sujeito e não pode ser nomeado como violência racista?

Como entender a fala da diretora negra na Roda de Conversa, quando diz "sou negra e sei o que é racismo!", ao afirmar que esta interpretação da assessora da secretaria estava "fora de contexto"? Teria alguma relação com a frase de Mannoni, O. (1973), "Eu sei, mas mesmo assim...", que funciona como uma fórmula através da qual o sujeito opera a subversão entre o verdadeiro e o falso, produzindo a prevalência do singular sobre o universal? Parece agir aqui, como propõe Veríssimo (2018), o fenômeno da recusa do que não foi possível se constituir como questão para um psiquismo cindido- existente em regime de *apartheid* psíquico-, a algo não nomeado/reconhecido pelo sujeito, ou seja, abolido simbolicamente? Poderíamos pensar no racismo que se inscreve aqui- um assunto tão em voga, tão debatido e instituído no discurso, através da chave da recusa?

"*Eu sei* o que é racismo, sou negra, *mas não* se trata de um problema de racismo! Ou, na fala do psicanalista branco: "Dentro do conjunto de interpretações possíveis que essa cena produz, *certamente muitos poderiam acentuar o viés do racismo, mas,* (mesmo assim), pensando em seu contexto maior, prefiro incluí-la como fazendo parte dos jogos de poder, de conteúdo sádico, na verdade dos rituais de passagem, que a todo momento acontecem em ambientes grupais adolescentes. "

Ora, quando o assunto é a relação do brasileiro com a própria história e o traumático advindo desta, há que se considerar a operação da recusa como um dos mecanismos figurantes no laço social.

Como seria para o brasileiro, do ponto de vista narcísico, reconhecer que há contas a serem ajustadas? Como seria sua sustentação narcísica após a admissão de registros traumáticos da história, tais como o massacre do negro e o racismo tão presente? Quando o assunto é a discriminação contra o negro, o brasileiro recusa a própria realidade racista na tentativa de evitar um grande abalo narcísico.

Quando se trata de racismo, há que se pensar na vivência do traumático no laço social. O assunto põe em pauta a falta de condições de representação de um excesso a que o sujeito foi submetido, introduz a falta de reconhecimento como elemento que dará ao trauma um caráter desestruturante para quem o vive, além do apontamento da recusa como possível caminho defensivo para o Eu. Mas é o corpo alvejado pelo racismo, que viverá uma experiência traumática de atentado à sua própria integridade narcísica, da sua constituição psíquica, além da destituição de um lugar de sujeito que lhe caberia como *direito*.

Quais as implicações de sermos um grupo de psicanalistas brancos?

A prematuridade do corpo do sujeito ao nascer e a antecedência do discurso parental sobre o corpo do recém-chegado são determinantes na designação dos registros que posteriormente o mesmo constituirá sobre si mesmo no mundo. Por que não pensar que o "estrutural" e subliminar discurso racista não deva se incluir em sua herança narcísica? Tanto positivamente, quando se tratar do homem branco, quanto negativamente quando se tratar do homem pobre, negro e pardo, assim como os povos originários.

Parafraseando os comentários do psicanalista sobre a cena do vídeo- que, em seu contexto maior, preferiu incluir como fazendo parte dos jogos de poder, de conteúdo sádico, na verdade, dos rituais de passagem, que a todo momento acontecem em ambientes grupais adolescentes; situações explosivas, com intensa carga emocional sádico-masoquista, que pertencem ao atávico desafio no sentido de demarcação da individualidade, dentro de um funcionamento grupal que, por definição, exige em troca da afirmação no grupo, exatamente o contrário, ou seja, o apagamento do indivíduo – poderíamos considerar que o ingresso nas instituições psicanalíticas responde à mesma lógica dos rituais de iniciação. Segundo Maria Aparecida Bento (2018), as instituições habitualmente funcionam na perspectiva do seu segmento social dominante. Cita Eugéne Enriquez, que destaca o fato de que a visão de mundo e os interesses do segmento dominante incidem fortemente na atuação das instituições e ressalta, ainda, que as instituições são essencialmente conservadoras, procurando sempre reproduzir os mesmos indivíduos e comportamentos. Diz ainda que a semelhança entre o perfil das pessoas que ocupam lugares de prestígio e poder nas instituições, majoritariamente masculino e branco, denuncia mais do que a história de racismo no Brasil e uma espécie de "pacto narcísico" nos processos de acesso a esses lugares, denunciando a prevalência de uma perspectiva, de uma visão de mundo e de interesses de determinado grupo, configurando o que chamamos de branquitude. Nesse sentido, a identidade racial é profundamente ideológica, porque auxilia na identificação de quem são o "eles" e quem são o "nós". Sobre o "eles" ficará depositado o pior do "nós". E esse pior do "nós" justificará a rejeição, a preterição, a exclusão e o genocídio. E, nas palavras das autoras, o descarte na lata de lixo.

Como podemos, então, abordar a "naturalização" do racismo como uma das causas e não consequências desta violência mostrada no vídeo?

Na tentativa de fechar o ciclo precisamos, como psicanalistas brancas e brancos, voltar para a lata de lixo e examiná-lo com paciência e tolerância ao que lá encontraremos, à cata do que não identificamos (ou escotomizamos), subestimamos e recusamos, procurando reciclá-lo, transformando-o em significados para que possamos recuperar as nossas abjeções projetadas e o reconhecimento de nosso privilégio racial de branquitude naturalizado.

Referências

Agamben, G. (2002). *Homo sacer: o poder soberano e a vida nua*. UFMG.

González, L. (1984). Racismo e sexismo na cultura Brasileira. *Rev. Ciências Sociais Hoje*.

Jecupé, K. W. (2020). *A terra dos mil povos*. Peirópolis.

Mannoni, O. (1973). *Eu sei, mas mesmo assim. Chaves do imaginário*. Vozes.

Bento, M. A. (2018). Notas sobre a branquitude nas instituições. In *Violência e sociedade*. Escuta.

Veríssimo, T. C. (2018). Pensar o racismo no Brasil: a recusa como mecanismo. In *Violência e* sociedade (pp. 151-159). Escuta.

11. Projecto Educreando@Binacional: mecanismos de gestão e intervenção em diferentes cenários educativos

Diana Zac, Santiago Carballo e Marta Viola

Introdução

Somos uma equipe formada em 1997, constituída por educadores, sociólogos, psicólogos, médicos e psicanalistas, uma vez que o campo do trabalho comunitário, neste caso na e com a escola, exige a integração da psicanálise com outras áreas do saber.

Ao longo de 26 anos de trabalho, o grupo inicial transformou-se numa equipa. E esta é uma diferença importante na constituição e funcionamento dos membros da equipa.

Na equipa, a liderança é situacional, ou seja, cada um é líder na sua especialidade e é um líder transformacional, no sentido de promover mudanças de mentalidade e de atitude no campo da formação de professores e do trabalho em sala de aula.

Entretanto, aprendemos a ouvir as outras disciplinas e a incluí-las na nossa gestão do trabalho, no nosso trabalho de campo e na nossa reflexão.

Trabalhamos nas e com as escolas desde 2005 e, em 2014, começámos a estabelecer ligações com colegas em Itália, especialmente em

Teggiano (Salerno), Portici (Nápoles) e Pioltello (Milão) e, gradualmente, passámos a fazer parte de um grupo de trabalho que evoluiu para uma equipa binacional.

Somos uma equipa binacional de "comunidades de prática" multidisciplinares, uma rede de profissionais que acreditam que o conhecimento é um conhecimento sem fronteiras, no nosso caso facilitado por um corredor educativo e cultural que foi gerado a partir da geminação de povos, realizada em 2011, que favoreceu a construção de um corredor educativo de aprendizagem colaborativa, entre províncias dos dois países.

Juntamente com a prática no território, propomos uma investigação-ação sobre o impacto das experiências com a metodologia da "Intersubjetividade Transformativa" aplicada às salas de aula, a partir de dispositivos psicanalíticos em interdisciplina, que são transmitidos em sucessivas sensibilizações e formações. Apostamos no efeito multiplicador das escolas neste processo de mudança de mentalidade na educação, tanto nas escolas como nas famílias.

Esta equipa é a autora do Projeto Binacional Educreando©, que é constituído por muitos projectos de sala de aula, de escola e de comunidade, destinados a melhorar as condições de vida dos alunos e dos professores, a tornar visível o que foi invisibilizado como questão e problema, quer nos grupos quer nos indivíduos.

O seu principal objetivo é renovar o desejo de ensinar e de aprender, de trabalhar para a defesa e o cuidado da vida, dos direitos das crianças, dos adolescentes e dos adultos e de promover práticas que preservem a saúde integral das instituições, dos grupos e dos indivíduos em contextos de aprendizagem.

Neste modelo, as emoções são consideradas a força motriz do desejo de "ensinar" e "aprender", tanto no professor como no aluno. Sem elas, não é possível alcançar uma aprendizagem plena, entendida como um processo transformador de subjetivação e mentalização.

As emoções, nessa perspetiva, não podem ser consideradas um desvio da norma, mas devem ser entendidas como uma resposta à modalidade organizacional do contexto, contexto esse geralmente pensado a partir da lógica do adulto e distante da lógica da criança e do adolescente.

Gestão

É o primeiro passo para poder trabalhar com as escolas e seus atores. Para a gestão, é essencial lidar com as autoridades formais e informais do sistema educativo, para conseguir o seu apoio e a sua integração com os princípios do trabalho social teórico e clínico que partilhamos na equipa.

Os membros da nossa equipa exerceram funções na área da educação, o que facilitou a aprendizagem da linguagem do campo educativo, a sua história como campo disciplinar e como prática pedagógica, o contacto com a formação de professores e docentes, bem como a identificação dos problemas mais frequentes que não conseguem ser tratados durante o processo de formação, não por falta de vontade, mas porque a vida corre mais depressa do que a formação oficialmente organizada.

Como formadores de professores, tivemos a oportunidade de ver o crescimento dos licenciados, que se tornaram directores e inspectores do sistema educativo, e são eles que se lembram de nós, uma vez que o ensino das disciplinas de Psicologia do Desenvolvimento e Psicologia da Aprendizagem incluía uma abordagem psicanalítica que enriquecia os futuros professores até para a sua vida pessoal.

E os professores psicanalistas puderam estabelecer alianças com outros formadores de professores, para que os alunos professores pudessem participar nos nossos estágios no terreno, com uma imersão controlada na sala de aula, acompanhados por nós, desde o primeiro ano da sua formação.

Uma oficina de aprendizagem

A psicologia e a psicanálise foram ensinadas na sala de aula, e os alunos aprenderam, juntamente com a nossa equipa, uma forma de lidar com crianças e adolescentes, professores e directores, aprendendo como se fosse uma oficina, na prática.

Dessa forma, os futuros professores, directores e inspectores observaram e participaram na resolução de situações problemáticas e incidentes críticos onde a psicologia psicanalítica foi primeiro aprendida na prática e depois regressou à sala de aula da instituição de formação para se debruçar sobre os enquadramentos teóricos e clínicos das intervenções.

Procurámos desbloquear um desenvolvimento entravado ou dar origem a novos processos de subjetivação.

Todos aprendemos, com a experiência, com os erros e os sucessos, com os laços e a intersubjetividade que nos treinámos a registar. Este registo é muito necessário para não responder reactiva e defensivamente às intensas contra-transferências de qualquer grupo, onde o grupo de trabalho alterna com os grupos de pressupostos básicos (Bion).

Esta visão de que um grupo não pode estar sempre numa situação de aprendizagem, porque os próprios conteúdos provocam reacções emocionais inconscientes, foi central para a sua compreensão de que os grupos de pressupostos básicos são os que podem estar a agir em momentos em que exteriormente há inquietação, desconforto, barulho, lutas e ruído. Aqui começa uma outra forma de entender a disciplina que se pede aos futuros professores que aprendam a sustentar.

A contribuição de Bion sobre os grupos de pressupostos básicos permite ao futuro professor e ao professor compreender como desarmar diferentes turbulências emocionais nos grupos, sem ter de gritar ou ficar doente.

O nosso ponto de partida

Partimos da ideia de que a vida se desenrola nas relações e que é nas interações que crescemos, tanto no sentido positivo como no negativo, no que diz respeito às realizações desejáveis para uma vida em sociedade.

É nestas ligações que a visão psicanalítica do mundo pode ser transmitida, a partir de um acompanhamento receptivo, empático, empenhado e operativo, para sair dos confinamentos quotidianos dos professores no seu trabalho e dos alunos em cada etapa de crescimento.

Trabalhamos não só sobre os sujeitos e suas relações, mas também sobre nós mesmos, ultrapassando as barreiras dos pequenos narcisismos para favorecer uma postura inclusiva. Apostamos na aprendizagem que se dá na mesma experiência vincular a partir da intersubjetividade e do seu registo, sobretudo para a prevenção da violência e do mal-estar nos vínculos nas suas diferentes formas.

Trabalhamos com um método de cinco tempos para nos precavermos na produção de conhecimentos e projetos, limpando o campo da intersubjetividade das sombras e da emocionalidade que podem afetar a nossa percepção dos fenómenos complexos dos grupos e das instituições:

- tempo para escutar a demanda grupal ou institucional;
- tempo para co-escutar com colegas que não estiveram no território e para conceber um projeto de intervenção de ação;
- tempo para a elaboração, supervisionando o trabalho de campo com colegas que participam na mentalização da experiência, que

permanecem fora do território para colaborar com aqueles que estão imersos e envolvidos;

- tempo para regressar melhor equipado ao campo de trabalho, modificado pela compreensão interdisciplinar dos fenómenos intersubjectivos, em 3 e 4;
- tempo para a divulgação académica e a formação em cascata das lições aprendidas com a experiência.

Esta equipe desenvolveu e reforçou os laços formais e informais com as autoridades educativas, sempre em climas instáveis, mas necessários para chegar às políticas públicas.

Juntamente com os professores, escrevemos artigos e livros que nos convidam a desenvolver uma comunicação escrita adequada, do ponto de vista de pensar no recetor, de pensar no que queremos transmitir a partir da lógica da transferência de conhecimentos de uma forma simples, para chegar a todo o tipo de públicos e, a partir desta prática, ultrapassar narcisismos que dificultam a comunicação. A escrita é um dispositivo privilegiado na luta contra o narcisismo das pequenas diferenças.

Em todos os projetos, as vozes dos sujeitos em links foram e são fundamentais, já que a proposta geral da equipe é fortalecer o conforto dos links e uma leitura adequada dos problemas e conflitos.

Os ambientes educacionais são recantos férteis onde é possível um efeito multiplicador do que ali é trabalhado, com uma população que demanda recursos para os quais a instituição de ensino deve prover. Na graduação, os professores ainda não dispõem de espaços curriculares que desenvolvam habilidades psicossociais para compreender o mundo emocional que intervém nos processos de ensino e aprendizagem.

O objetivo geral dessas propostas coletivas é gerar condições e vínculos adequados para a prevenção e o cuidado com a vida, favorecendo o desenvolvimento de estruturas psicossociais no processo contínuo de subjetivação em vínculos na sala de aula e na escola em geral.

A finalidade é a reconstrução do laço social onde a marginalidade ganhou terreno e condicionou o aparecimento da patologia, onde há necessidades insatisfeitas e direitos negligenciados.

Ferramentas para a arquitetura das relações

Trata-se de um conjunto de recursos para intervir de forma a que os laços de conforto sejam construídos, sustentados e promovidos por um adulto que utiliza um pensamento socialmente responsável.

Com esses recursos, é preciso aprender a conter o intolerável, se se tratar de adultos apaixonados pelo que fazem, pensadores estratégicos, capazes de avaliar realisticamente cada situação.

Tomamos em consideração alguns dos resultados da investigação realizada (sobretudo entrevistas e inquéritos), que transcrevemos a seguir e que inspiram projetos coletivos:

- Os adultos prestadores de cuidados precisam de registar a sua própria subjetividade e a do outro: caso contrário, os dados serão descontextualizados e as pessoas serão desresponsabilizadas.
- É necessário não negligenciar os dados fornecidos pela intuição (*gut feeling*).
- É importante registar que a criança ou o adolescente insiste em comportamentos de risco porque procura mudar um fim indesejado e encontrar o "adulto de que precisa" para mediar os seus impulsos, mesmo que o procure mal.

Nos pais, identificámos uma tendência para retratar uma criança/adolescente que:

- Não precisa deles para conter sua raiva ou frustrações.

- Pode ser batida, privada ou enganada como medida preventiva ou educativa.
- A criança/adolescente é privada de redes de sentido para o seu comportamento.
- Cruzando as respostas das crianças e dos adultos, verificamos que o adulto acredita que comunica ou educa, mas na realidade não estabelece contacto emocional.
- Cruzamento das respostas dos professores e dos pais:
    - O professor tende a esperar que o pai ou a mãe resolva o problema; não incluído. Leitura punitiva do comportamento das crianças e dos pais (Lei)
    - Os pais, que podem ter gerado involuntariamente o problema, não sabem como o resolver e sentem-se sozinhos.
- Pode inferir-se das respostas que os pais e os professores têm dificuldade em estabelecer limites porque não toleram a sua própria frustração.

Exigências cruzadas...

As exigências das crianças são de cuidado, proteção, atenção. Pedem o exercício da autoridade, entendida como "cuidado" efetivo e factual. São também exigências dos pais aos professores.

Encontrámos sobretudo "desfasamentos" entre as reivindicações e as respostas dos diferentes atores. Isto organiza lugares de conflito em que há falta de voz e a insatisfação irrompe sob a forma de ações.

O contexto do trabalho docente

O contacto diário com as pessoas para fins de ensino e aprendizagem representa um contexto de trabalho gerador de tensões, que pode conduzir ao esgotamento, ao mal-estar e ao stress.

Uma estratégia para aprender a trabalhar de forma menos estressante é ter um acompanhamento in loco, que permita a vivência das emoções que circulam durante a transição de um grupo de crianças ou jovens para um grupo de aprendizagem.

Para isso, a escola precisa de pessoas e/ou grupos que os acompanhem, mostrando in loco um modelo de identificação na leitura de problemas e para a intervenção e mesmo a inclusão da emocionalidade nos diferentes campos disciplinares, uma vez que os conteúdos despertam alguma emoção ou afeto.

A Matemática apresenta atividades de adição, subtração, divisão, multiplicação, que podem significar crescimento da família, partilha com irmãos, perdas etc. As ciências biológicas introduzem o tema da vida e da morte. As ciências sociais na historicização, num antes e depois, a geografia nos símbolos universais de pontes, baías, montanhas e outros elementos da natureza associados à relação com a mãe, ao crescimento sexual etc.

Para que o trabalho docente se desenvolva em ambientes menos estressantes, é necessário

- que o professor passe por experiências de sensibilização para o autoconhecimento e autoaceitação, ponto de partida para se tornar um líder transformacional, conhecendo a própria emocionalidade e desenvolvendo a empatia na ligação intersubjetiva com a emocionalidade do outro.
- requer também a formação de equipas de trabalho dentro da escola, para processar e transformar o que são obstáculos em caminhos de abertura para soluções eficazes, em climas onde as emoções não são julgadas, mas recebidas para compreender os processos de mudança.

Entrevistando professores de outros momentos da história social e económica da Argentina, o que eles referem é que as crianças com comportamentos complexos eram atendidas por eles de uma forma especial, mesmo que fosse apenas meia hora por dia, referem também que visitavam as casas desses alunos e interagiam com os pais quando não existiam serviços de orientação escolar.

Houve uma experiência importante na Argentina, numa escola da cidade de Rosário, sob a direção de uma diretora chamada Olga (registada numa curta-metragem chamada La escuela de la señorita Olga, a escola da menina Olga). Ela procurava-os sala por sala e com eles fazia outras atividades, como a formação de um coro de pássaros. O que era esse coro? Era uma atividade de grupo em que cada um repetia o som de uma ave local, o que os organizava melhor com base nos conhecimentos que tinham. O canto coral consistia, por exemplo, em intervir em diferentes alturas para que os sons se organizassem de forma agradável. Depois, o professor responsável por esta metodologia devolveu-os à sala de aula, capazes de atender e responder às instruções e felizes por terem conseguido alguma coisa com o que saía deles: a voz e o canto.

É uma proposta de uma ferramenta onde os alunos poderiam ficar satisfeitos com a realização de uma conquista e assim sair da "zona de fracasso" em que estavam imersos e rotulados.

As ciências do Desenvolvimento Humano afirmam que o respeito que se dirige do ser mais maduro para o ser em desenvolvimento é interiorizado, dando melhores resultados na subjetivação, ao que acrescentamos que facilita a construção de um modelo de identificação que gerará satisfação no casal educador.

O respeito pelas crianças e pelos jovens exige que o adulto pai/mãe/educador seja receptivo e paciente, especialmente nas circunstâncias em que o comportamento da criança ou do jovem provoca irritação ou dor.

É necessário recuperar a esperança de que esse modo de se relacionar com o aluno ou com o grupo, mesmo aquele que tem um impacto doloroso na nossa subjetividade de adultos, possa ser transformado.

Uma forma especial de intimidade

O ensino desenrola-se em laços de intimidade, onde ocorrem situações internas e externas que, se não puderem ser acomodadas, levam ao stress e ao desconforto no trabalho com as pessoas, podendo também levar a reações impulsivas com consequências DESEJADAS, bem como à doença.

A prática pedagógica propõe uma intimidade especial definida pelo compromisso, pelo laço de confiança e de amor, num encontro que, mesmo com divergências, pode tornar a existência quotidiana agradável, tal como pode gerar desconforto. Para este último, é necessário dispor de dispositivos que transformem um problema numa ferramenta de trabalho.

Estamos num ponto do desenvolvimento do pensamento sobre os problemas e as suas soluções em que podemos afirmar que os problemas coletivos só podem ser tratados através de projetos coletivos, concebidos pela escola em colaboração com os pais e outros membros da comunidade. Isto evitaria uma espécie de deserção, de desertar da reflexão sobre os problemas, nomeadamente aqueles que se manifestam em comportamentos que ainda não compreendemos.

Pensamos que, se algo é expresso na escola, é porque se pensa num interlocutor inteligente e capaz de compreender. A escola é um lugar onde um jovem ou uma criança ou mesmo um adulto expressa algo, mesmo que de forma violenta, porque se espera que alguém entenda e ajude a resolver.

Observamos que, para que o aluno não desista, é necessário que a instituição e seus profissionais não desistam de pensar de forma responsável e responsiva sobre pessoas e grupos difíceis de lidar, e sobre os problemas "que nos falam", esperando algo da escola e de seus professores.

Um exemplo deste tipo de pensamento é não pedir àqueles que causaram danos que os reparem sozinhos, porque eles não saberão como o fazer.

A escola não pode assumir sozinha a responsabilidade por tudo aquilo que antes era tratado por outras instituições sociais e que hoje é pedido à escola. Como diz Cuban: "quando a sociedade tem uma comichão, coça-a na escola". Esta é uma clara alusão ao facto de a própria sociedade ser o berço do que a escola recebe e deve transformar.

Dispositivos para o desenvolvimento de uma receptividade responsável, sensível e reflexiva

Abrir o olhar para ler os problemas

O objetivo é encontrar aspectos positivos mesmo em contextos conflituosos e a sua emergência. Exemplo: "Um professor queixa-se do estado emocional em que um aluno é trazido, pensando que os pais estão a negligenciar a criança e a abandoná-la". Uma leitura abdutiva poderia incluir o acolhimento da criança com o entendimento de que o pai valoriza o professor como alguém capaz e que pode resolver o que ele próprio não foi capaz de resolver.

Para fazermos estas leituras precisamos de nos libertar internamente de preconceitos, neste caso, sobre os pais e as suas potencialidades, admitindo que muitas das ações dos pais, e mesmo as nossas, são guiadas pelo amor e não pelo desprezo. É apenas a aparência que pode confundir: ver um pai se afastar e tomar isso como sinônimo de abandono é uma das posições que devemos superar em busca de um significado que ilumine os vínculos e suas tramas.

O que pode acontecer é que este comportamento, que parece um abandono, contenha a dor e a frustração causadas pela impotência do progenitor. Se nos livrarmos dos preconceitos, podemos registar a necessidade que esse pai tem de encontrar alguém que funcione melhor naquele momento do que ele próprio, e assim aliviar os seus sentimentos inconscientes de culpa.

Abuenar seria um dispositivo que pode ser aprendido em experiências de oficina, para diminuir a reação violenta às emoções vindas dos outros e do próprio eu, desenvolvendo a receptividade, ou seja, a paciência para acolher algo que a princípio parece negativo, ou não é compreendido. Tornar-se côncavo e não convexo. Ser convexo é rejeitar os significados e as emoções do outro a partir de uma atitude preconceituosa ou defensiva.

Ensinar a Rêverie

É um tipo muito especial de comunicação que se dá entre duas pessoas com diferentes níveis de maturidade e onde o ser mais maduro tem a função de conter e ajudar o ser em desenvolvimento.

Como a vocação docente é a necessidade de provar que se tem o poder de ajudar o outro a crescer, esta função de rêverie é a que ajuda a manter esta vocação.

O conceito de rêverie vem de Bion. Pensemos num pequeno bebé muito angustiado que chora pela mãe, a mãe vem, fala-lhe suavemente, acalma-o. O que esta mãe faz é transformar uma enorme angústia que o bebé tinha em algo suportável para ele. O que esta mãe faz é transformar uma enorme angústia que o bebé tinha em algo suportável para o bebé. É a mãe que vem então em socorro do bebé e que consegue, pela sua atitude e pelas suas palavras, acalmar o bebé.

A rêverie implica que o adulto cuidador metaboliza a angústia que o bebé lhe traz, devolvendo essa enorme quantidade de angústia em quantidades menores que o bebé pode tolerar.

Revisitamos esta noção como rêverie pedagógica, quando é aplicada à comunicação com um grupo ou, por vezes, com um aluno em particular. Trata-se do treino do professor para acalmar a angústia na ligação com o grupo, angústia proveniente de frustrações ou de associações inconscientes com os conceitos que estão a ser trabalhados.

Nessa perspectiva, chamamos de *professor intérprete* aquele que faz leituras boas ou benevolentes dos problemas e conflitos e promove uma comunicação graduada à tolerância do receptor, o que chamamos de rêverie docente. Um professor com esta condição é investido pelo grupo como uma autoridade saudável.

A rêverie docente implica um retorno do que está a ser registado, em doses toleráveis para o receptor, de modo a promover uma compreensão situada, sensível e reflexiva ao mesmo tempo.

Inclusão da diversidade, uma edição especial

Tudo isto deve ser posto em prática na relação com as crianças que nascem com algum tipo de dificuldade ou deficiência emocional, cognitiva ou física.

Quando uma criança nasce com algum tipo de problema, surge a desilusão na família, não é a criança que se esperava, e a ligação física e emocional com essa criança é conflituosa.

Para além da desilusão, há perguntas que não encontram resposta: de que é que ela precisa, como é que me relaciono com ela, como é que a posso ajudar? E ansiedades sobre o surgimento de sentimentos contraditórios, aceitação e rejeição.

O que acontece com a inclusão desta criança na escola? Pode acontecer algo semelhante ao que aconteceu com a família?

Sobre a questão da inclusão, há uma história que foi modificada.

Em princípio, as crianças com deficiência não eram aceites e eram educadas em escolas especiais, o que levava a uma segregação destas crianças na sociedade, não havia possibilidade de integração. Cada um tinha de estar no seu próprio mundo, não era possível juntá-los.

Há alguns anos, por lei, foi estabelecido que as crianças com deficiência podiam ser admitidas em salas de aula, com um máximo de três crianças em cada sala. Como surgiu esta inclusão?

No início, o objetivo era integrar a criança, uniformizá-la, fazê-la adaptar-se, fazer com que as suas diferenças não a incomodassem e, se isso não fosse conseguido, que era o que normalmente acontecia, a criança era tornada invisível e a sua possibilidade de desenvolvimento era impossibilitada. Por outras palavras, o contexto familiar e escolar não sabia como ter em conta as possibilidades da criança; a criança tinha de ser capaz de fazer o mesmo que as outras crianças.

Atualmente, através de um trabalho que inclui diferentes especialidades, psicólogos, sociólogos, professores, tentamos alcançar a inclusão da criança, aceitando as suas diferenças, trabalhando a partir das suas possibilidades, visualizando e desenvolvendo a capacidade da deficiência, aceitando-a como pessoa.

Um diagnóstico cognitivo e emocional adequado permitir-nos-á compreender se a inclusão é possível. Há crianças que cognitivamente poderiam ser incluídas na escola regular mas emocionalmente não estão em condições de o fazer, ou crianças cujas dificuldades as impedem de ser incluídas na escola regular. Estas crianças precisam de uma escola personalizada ou de uma escola especial e, neste caso, é importante que os pais sejam devidamente apoiados para que aceitem que isto é o melhor para os seus filhos, mesmo que não seja o que eles querem.

Se considerarmos a inclusão como a coisa certa a fazer, pensemos nessa criança na sala de aula com o professor e os seus colegas. Como é que a criança se sente? Como é que o professor se sente? Como é que os seus colegas se sentem?

Não é fácil, mas é possível e leva tempo. A tolerância e a compreensão são necessárias para enfrentar os altos e baixos do grupo e da criança.

Os professores estão habituados a relacionar-se com crianças com diferenças cognitivas, emocionais e sociais, mas esta criança vem com um certificado de deficiência e isso pode ser assustador, pode acontecer-lhe algo semelhante ao que aconteceu na família?

Por isso, é importante que os professores aprendam a relacionar-se com os seus medos, a compreender que eles são lógicos e a saber que não estão sozinhos e, se considerarem necessário pedir ajuda, há o professor inclusivo, há os conselheiros escolares, há a diretora da escola.

Trabalhar com os pais da criança, com a criança e com os alunos é fundamental para se conseguir uma verdadeira inclusão onde se trabalha a questão das diferenças como diferenças sem as valorizar. Pode ser muito enriquecedor para todos trabalhar em grupo, realizando leituras, jogos, comentários onde as diferenças são visualizadas, onde cada um encontra as suas próprias dificuldades, não para as criticar, mas para as aceitar.

A observação do que acontece nos espaços recreativos permite-nos afirmar que as exclusões, não só da criança com necessidades especiais, mas de qualquer outra criança, podem ser utilizadas como tema para refletir e elaborar situações internas/externas que conduzam a modificações.

Concluindo, podemos dizer que a aceitação das diferenças, o desenvolvimento da empatia, o trabalho sobre as próprias emoções e a compreensão das emoções dos outros são a base para iniciar o caminho da verdadeira inclusão. E não apenas para as crianças com deficiência, mas para todas as crianças, uma vez que cada criança, cada professor, cada pessoa se desenvolve em laços e esses laços determinam emoções, algumas conscientes, outras inconscientes, que guiam as nossas ações.

Referências

Bion, W. R. (1962). The psycho-analytic study of thinking. En *International Journal of Psychoanalysis*, vol. 43, pp. 306–310.

Bodner, Guillermo (2019). El concepto de rêverie en algunos modelos contemporáneos. *Revista Temas de Psicoanálisis* N° 18. Disponible en https://www.temasdepsicoanalisis.org/wp-content/uploads/2019/07/Guillermo-Bodner.-El-concepto-de-r%C3%AA-verie-en-algunos-modelos-contempor%C3%A1neos..pdf

Improta, A.; & Mansione, I. I. (2020 - a cura di). *Emozionario per la Dad. Isolamento Sociale e Approccio Soggettivo. Guida per Insegnanti, Psicologi e Genitori*. Psiconline.

Improta, A. (2015). *Intervento psicologico per la scuola e metodi narrativi. Strategie per la costruzione dell'intervento*. Psiconline.

Improta, A., I., Mansione, I., Raschia, C., Salzano, A. M., Zuntini, Gladys, G., Carballo, S., Colonna, I., Raiola, M. C. e collaboratori. (2017). "Educreando". proyecto de extensión: un'esperienza di gemellaggio metodologico per favorire un apprendimento stimolante e significativo tra le scuole della provincia di Buenos Aires in Argentina, e le scuole della provincia di Napoli e Milano. Sezione "Buone Prassi". *11° Convegno Internazionale "La Qualità dell'integrazione scolastica e sociale"*. Rimini.

Improta, A., Mansione, I. I., Zuntini, L., Cardoso, H., Rasullo Gianelli, C., Colonna, I. e Raiola, M. C. (2015). Si vive di rapporti, si cresce con le interazioni. La gestione di un modello educativo inclusivo fra le nazioni – Report di un'esperienza di collaborazione e ipotesi progettuali. *Convegno per la VI edizione della Settimana del benessere psicologico in Campania*. Portici.

Kaës, R. (1994). *La categoría del intermediario y la articulación psicosocial. La intervención psicoanalítica del grupo*. Asociación Argentina de Psicología y Psicoterapia de grupo.

Mansione. I. I., Improta, A., Carballo, S., Zac, D., Salzano, A. M., Raschia, C., Sica, A.; & Giordano, M. A. (2019). Life Skills e Ricerca Sul Territorio: il Progetto Binazionale Educreando come promotore del ben-essere e del desiderio di imparare. Sezione "Contributi scientifici". *12° Convegno Internazionale "La Qualità dell'integrazione scolastica e sociale"*. Rimini.

Mansione, I., Improta, A, I., Raschia, C., Salzano, A. M., Zuntini, Gladys, G., Carballo, S., Colonna, I. Raiola, M. C. e collaboratori. (2017). Intersoggettivismo relazionale, ovvero, si vive nei rapporti e si cresce nelle interazioni: una ricerca metodologica tra le scuole della provincia di Buenos Aires in Argentina, e le scuole della provincia di Napoli e Milano. Sezione "Contributi scientifici". *11° Convegno Internazionale "La Qualità dell'integrazione scolastica e sociale"*. Rimini.

Mansione, Isabel (dir). (2014). *Tensión entre Formación y Práctica Docente. La experiencia emocional del docente.* Colaboraron: residentes del ISDF N° 1 de Avellaneda, Provincia de Buenos Aires. Homo Sapiens.

Mansione, I., Temelini, J. P.; & Zac, D. (2016). *Caja de herramientas para la educación emocional.* Editorial Noveduc.

Peter, F.; & Bateman, A. (2016). *Tratamiento basado en la mentalización para trastornos de la personalidad. Una guía práctica.* Biblioteca de Psicologia.

Winnicott, D. W. (1993) *Los procesos de maduración y el ambiente facilitador. Estudios para una teoría del desarrollo emocional.* Paidós.

12. Projeto Educreando@Binacional: a manifestação da raiva nos contextos escolares atuais

Isabel Inés Mansione, Diana Zac e Santiago Carballo

Introdução

A cólera, tão humana, aparece em certos contextos que somos convidados a identificar para a podermos evitar. Não se trata de a reprimir, mas de lhe dar espaço de expressão emocional antes de se zangar.

Uma vez registada a emocionalidade circulante e conhecidas as interacções violentas (derivadas da investigação e referenciadas em artigos anteriores deste livro), cada sujeito e cada grupo podem tentar amortecer o impacto de certos estímulos violentos para que não provoquem uma implosão, que geralmente precede a explosão de raiva.

Nas escolas da nossa amostra de investigação, as explosões de raiva aumentaram. Tanto no nível primário como, mais frequentemente, no nível secundário, em todos os actores escolares. Durante a pandemia e hoje, a cólera manifesta-se numa sociedade anestesiada em relação ao registo emocional, que é a parte mais importante de um projeto de prevenção primária e secundária.

A manifestação da cólera não é apenas uma emergência individual, é também um problema da coletividade. Os problemas coletivos exigem projetos coletivos e é desejável que esses projetos surjam de uma investigação que recolha as vozes dos atores sociais. Partimos do pressuposto de que o conhecimento pode tornar-se um conhecimento sem fronteiras.

O nosso projeto, ao mesmo tempo que acompanha os professores para conseguirem uma vida quotidiana confortável, também investiga quais as intervenções que funcionam melhor na vida interpessoal e intersubjetiva em que se desenvolvem a vocação e o trabalho em contextos escolares.

Raiva e contextos culturais

Biólogos e etólogos consideram que existe uma sequência geneticamente padronizada no ADN das espécies relativamente à expressão da emoção da Raiva. Acrescentamos que existem estímulos desencadeantes específicos no contexto cultural.

Contexto de falta de empatia

Um desses contextos que provoca uma dor psíquica intensa é aquele em que a pessoa de quem precisamos está fisicamente presente, mas emocionalmente distante (não nos ouve, não nos compreende, não nos regista). Essa pessoa justifica o seu comportamento em geral num dispositivo sociocultural que legitima as suas ações.

Quando a raiva é expressa, pode acontecer que se peça ao sujeito para se controlar, como se nesse momento o sujeito estivesse em condições de a dissolver. Dessa forma, a raiva acaba por ser tratada como se fosse uma explosão de um sujeito considerado singular e sem ligações aos outros, isolado do contexto e, portanto, uma raiva sem motivos.

Esta mentalidade surge quando a raiva é pensada desvinculada do contexto em que surge, porque não se tem empatia com o sujeito, sentindo com a mente e pensando com o coração.

Agora sabe-se que num olhar microscópico antes da manifestação externa o sujeito explodiu por dentro como que se partindo em pedaços (Implosão) e cada um desses pedaços tenta ser expulso com o grito, com a ação de partir algo ou outra manifestação de descontrolo.

Contexto da prisão trágica

Como temos vindo a explicar, a gestação e manifestação da cólera, raiva para outras linguagens, é preparada num contexto que a provoca, surge num vínculo em que a emocionalidade é a resposta à turbulência do vínculo porque a palavra, o gesto, a ofensa, a mentira, a ignorância da subjetividade, a crueldade etc., não puderam ser tolerados.

Como disse Ulloa (2005), a ação cruel é sustentada por uma logística social onde existem beneficiários deste estado de coisas, gerando uma "armadilha trágica" cada vez que alguém depende do seu agressor, sem a existência de um terceiro que imponha a lei. Na sociedade, isso se agrava quando o que se transmite é um modelo de vínculo autoritário, que, se internalizado, garante a repetição da crueldade.

Por isso, devemos entender a raiva como um indicador, um emergente, uma mensagem que nos deixa uma lição para a comunicação: chegar ao outro sem o ofender, humilhar, descontrolar, chegar-lhe em condições de o escutar, de o acalmar a partir da força persuasiva da empatia, compreendendo as suas motivações, que nunca devem ser invalidadas.

Se não foi possível evitá-lo, a gestão de um episódio de raiva requer um silêncio receptivo, cuja duração terá a ver com o que podemos registar do outro como indicador de que se acalmou. Pode também necessitar de palavras que atenuem a crueldade que serviu de gatilho.

Contexto de presença de ofensa

A raiva pode surgir quando nos sentimos ofendidos na nossa autoestima ou inteligência. Talvez não haja nada mais ofensivo no mundo do que ser considerado inadequado pelo outro, que depois nos diz isso com expressões imperativas, por exemplo: "és preguiçoso, nunca estudas, estás sempre a chatear-nos!!! Não consegues dizer melhor?

O que magoa é o modo imperativo, que é um contexto muito irritante. Estas expressões chegam como um projétil, provocando a sensação de ser tratado como um idiota.

Uma das situações que ofende a inteligência é a mentira. Será que a pessoa que mente não tem consciência de que a mentira é percebida como tal? Por quê? Porque a mentira é, na maioria das vezes, percebida, o corpo e os gestos da outra pessoa dizem que ela está a mentir. Os seres humanos podem registar muitos sinais não verbais que contradizem o que alguém diz verbalmente e, nesse espaço, a verdade é expulsa e a mentira é introduzida.

Contexto de crueldade social

A nossa sociedade naturalizou a mentira porque as pessoas mentem e não sentem vergonha: os adultos mentem, os políticos mentem, as organizações mentem, os dirigentes mentem, a sociedade mente. Isto constitui uma legalidade paralela à legalidade da verdade.

A naturalização da mentira desorienta, confunde e mantém a violência através de interações que violam a relação. A pessoa sensível e inteligente que ouve a mentira sente-se muito zangada, porque se sente um objeto manipulado, dentro de uma mentalidade social perversa.

Nestas situações, poderíamos beneficiar se conseguíssemos redirecionar o conteúdo que provoca a raiva, retirando-o do contexto da mentira, para o colocar mais perto da verdade.

Isto ajudaria a não explodir e implodir por causa da raiva, que surge de um contexto em que domina a lógica de um adulto prepotente, que de facto adultera a relação com a criança/jovem/outro adulto e também consigo próprio.

Vemos então que as formas imperativas de lidar com a subjetividade a partir da mentira, da crítica inapropriada, do pensamento inadequado do outro, provocam reacções de raiva, portanto, não são ataques provenientes do interior do sujeito mas do "entre" o sujeito e o mundo exterior.

O reverso da crueldade: a ternura

A ternura não é uma expressão ingénua, não é algo ingénuo, é a expressão de um afeto que só pode ser dado num clima de respeito do ser mais desenvolvido para o ser em desenvolvimento, e que mantém o vínculo forte porque as diferenças e as pluralidades são tratadas com Amor. Na vida em comunidade, acontece algo doloroso e triste como descrevemos nos contextos sociais onde a ternura se rompe porque a crueldade toma conta.

Esta prática da ternura é possível num contexto em que o paradigma da avaliação/sanção, prevalecente na sociedade e na educação tradicional, é substituído pelo paradigma da compreensão e da hospitalidade, sem que a ternura seja desvalorizada, assimilando-a à parte suave do amor (Ulloa, 2005).

Uma componente da ternura é o exercício de um "olhar abuenada" (olhar benevolente) sobre o que acontece, o que nos acontece e a experiência viva e reflexiva captada a partir da intuição. Este "olhar abuenada" é conseguido quando as projeções e as identificações projetivas, usadas para se desligar do que não se tolera, podem ser diminuídas.

Para o nosso Projeto Binacional ítalo-argentino Educreando©, aprendemos por identificação. Se esta se baseia em relações satisfatórias, o amor pelo conhecimento é interiorizado e, Dessa forma, se nos sentimos respeitados, aprendemos a respeitar e também a sentirmo-nos seguros na relação com o adulto. Internaliza o respeito como uma forma vinculativa que inclui o direito à felicidade.

Uma perspectiva do direito à felicidade

Podemos pensar na raiva como uma expressão de necessidades não satisfeitas. Estas refletem direitos humanos negligenciados na história social e subjetiva.

Vejamos a interação entre a raiva e a ternura a partir de uma investigação realizada na pandemia, num workshop que a APdeBA deu aos professores. Os professores participaram espontaneamente durante mais de um ano, contando histórias de vida e experiências pessoais, algumas das quais são transcritas a seguir.

Adoptámos uma abordagem qualitativa no desenho da investigação, utilizando estratégias participativas com desenhos flexíveis. A imersão em diferentes cenários nos levou a trabalhar a partir da educação popular e de abordagens etnográficas, tanto situadas (Achilli, 2013; Bourdieu, 1997; Guber, 2016; Restrepo, 2018) quanto multissituadas (Cruces et al., 2003; Díaz de Rada, 2014).

Apresentamos a prática da ternura como uma forma de vinculação que, baseada na emoção e no sentimento de amor, favorece o desenvolvimento humano, fornecendo ao destinatário os nutrientes necessários para a construção da confiança no mundo e em si próprio.

Não se trata de fomentar uma relação ingénua com o objeto de conhecimento, incluindo o eu como objeto de conhecimento, mas de implantar uma leitura experiente das circunstâncias ainda adversas, de modo a dar um futuro esperançoso aos problemas do presente e do passado e um devaneio pedagógico no circuito da comunicação que passa por devolver ao sujeito o que depositou no outro em doses suportáveis para a sua subjetividade. Tudo isso fundamenta as aprendizagens necessárias para que o professor possa ensinar confortavelmente, a partir de práticas que acolham o outro mesmo em seus momentos mais difíceis e acomodem seus depoimentos, sem se sobrecarregar ou se estressar.

Como numa experiência de laboratório interior, a subjetividade do professor aprende a receber a subjetividade do aprendente, o professor torna-se côncavo porque é isso que a ternura permite, e depois transmite algo do que recebeu em busca de transformações nos elos.

Neste percurso, passaremos por algumas questões que promovem e outras que interrompem a ternura, como o exercício do poder sobre o outro a partir de práticas coercivas em contextos desestabilizadores e a destruição da confiança e da autoconfiança.

A ideia da oficina realizada na APdeBA foi colocar a criança/adolescente no centro da cena, visualizando as crenças em que se baseiam os "eu não consigo", quer do aluno, quer do professor, focando a importância da ternura a partir do apoio proporcionado pelo facto de ser pensado pelo professor, como uma experiência contrária ao abandono da pessoa.

Apresentamos três excertos de relatos de situações vividas por professores e alunos durante a pandemia:

I. O primeiro é uma carta de um menino de 11 anos recebida por uma professora do ensino básico em maio do ano passado, quando começaram as restrições devidas ao isolamento e ao distanciamento físico:

> Caros professores:
>
> Tenho muitas saudades vossas, queria dizer-vos que gosto muito de vocês; é muito estranho estar aqui fechado, às vezes lembro-me de ver filmes na escola, mas mais do que isso lembro-me das nossas gargalhadas, quando chegaram os veteranos das Malvinas. Às vezes penso que

é o primeiro dia de quarentena. Às vezes vou para o meu terraço e vejo que não há ninguém na rua.

Profe: Com os amigos, formámos um grupo que fala entre si e dizemos uns aos outros que é muito estranho não nos levantarmos de manhã, mas tenho muitas saudades vossas.

Bem, professora, mande cumprimentos aos outros.

Chau beijos a todos

II. O segundo recorte corresponde à reescrita de uma história apresentada por um adolescente em março deste ano, em resposta às instruções dadas por um professor do ensino secundário, durante o processo de acompanhamento de trajetórias. A professora responsável pela recuperação de trajetórias recebeu de um aluno de 15 anos a reescrita de uma história cujo mote era escrever um final à escolha do sujeito, e a professora leu algo que de imediato causou preocupação, que foi o facto de o escritor aludir a um suicídio na primeira pessoa como final da história. O professor informou a Equipe de Orientação Escolar da instituição, que tomou imediatamente medidas.

III. Um terceiro caso de interesse para este tema é relatado por um professor do ensino superior que envia uma mensagem via whatsapp a uma aluna, perguntando-lhe se aconteceu alguma coisa, uma vez que ela esteve ausente das aulas síncronas durante alguns dias. A aluna diz então que se sente muito mal porque o seu primo, com quem tinha uma relação muito próxima, se suicidou, mas que ela nunca registou que tivesse acontecido alguma coisa ao primo que o levasse ao suicídio. A professora diz que a aluna nunca tinha visto o seu zoom.

No caso da criança da carta: esta criança está a sentir o início de um período de espera que interrompe a continuidade da existência. Assim, na sua história, podemos ver a necessidade de reavivar a comunicação verbal como um nutriente indispensável para o desenvolvimento da subjetividade e para a mentalização de experiências e vivências. A integração da subjetividade se configura a partir do lugar de pertencimento dos sujeitos (a escola como lugar de encontro com seus pares, onde assistem filmes com os colegas, recebem visitas de ex-combatentes, riem com os outros... é a saudade da sala de aula) e com base na sua condição de existência, dialeticamente estruturada na transubjetividade cultural do espaço público (Maruottolo, 2013).

No que diz respeito à história correspondente a uma escola secundária, o final da história acrescentado pelo aluno promove susto e perplexidade no professor, dentro de uma comunicação "em zapada" entre o mundo interno e o mundo interno do professor e do aluno. A professora foi solicitada a intervir para reduzir o que ela percebia como um nível de desamparo e para proteger a saúde mental do aluno. Para tanto, a oficina proporcionou uma espécie de desabafo emocional para os educadores e demais profissionais, ou seja, um lugar onde se pode falar com o conforto de ser escutado, não recebendo críticas preconceituosas ou avaliativas, mas compreensão para retornar ao vivido com o suporte teórico-prático e técnico proporcionado por um conhecimento renovado e construído no coletivo do grupo, para o processamento de experiências (Zac et al., 2016) para quem constrói uma autoridade saudável no dia a dia.

No terceiro caso, a mensagem ao professor de nível superior, vemos neste contexto de pandemia, como as relações interpessoais foram iniciadas antes mesmo da construção de um vínculo, e a capacidade de improviso do professor foi convocada, como um artista que dá vazão à criatividade para seguir em diálogo a partir de ações de cuidado. Tanto o segundo como o terceiro caso podem ser relacionados com certos estados de languidez, como lhe chamou o New York Times, ou seja, um estado emocional em que os jovens não se encontram francamente deprimidos, mas com falta de energia e de motivação, em resultado do confinamento e de acontecimentos hostis que promovem experiências e vivências que exigem do adulto a escuta do que o outro sente, a escuta do que não foi dito e o cuidado com o que é dito.

A felicidade está ausente nas três histórias. Se faltar a felicidade, o ser humano é suscetível de se zangar e de criar situações disfuncionais a que chamamos "relações abusivas". Surge a exigência, a necessidade do outro de comunicar algo que pode levar à violência do sujeito consigo próprio ou com o outro, caso não encontre um interlocutor adequado.

Indicadores que antecipam uma possível explosão de raiva

Com base nos resultados das pesquisas anteriores da nossa equipe, identificamos indicadores que podem antecipar a manifestação da raiva, quer o sujeito exploda para o mundo exterior, quer imploda para o mundo interior.

A. Interações num contexto de iliteracia emocional.

Este tipo de interação ocorre quando a comunicação não é capaz de registar a sua própria emocionalidade e a do outro num vínculo. A literacia emocional, ou seja, o reconhecimento das emoções em si mesmo e nos outros, é um direito que promove a consciência necessária para a convivência e torna possível uma cultura de paz. A literacia emocional é um direito que pode ser vivido se o transmissor o conhecer porque foi formado. É uma aprendizagem experimental em interação que previne a eclosão da violência.

B. Interações com a invisibilidade/hipervisibilidade.

> "QUE os professores nos expliquem quando perguntamos e percebam que não entendemos e que não fizemos de propósito".

Falamos de invisibilidade quando uma questão, um problema ou um tema não é visto pelo outro, não é tido em conta. E hipervisibilidade quando a questão é exposta de tal forma que gera embaraço por excesso de exposição ou algum tipo de dano emocional. Qualquer um dos extremos é irritante e, por isso, a prevenção consiste em lidar com as questões/problemas/pessoas sem as expor e sem as abandonar.

C. Interações sem paciência que descontextualizam fatos e experiências.

> "EU A jogaria da escada" "ela nos enche" "tornaria as aulas mais divertidas"
>
> "ELES ME agridem quando brigam comigo. Ela não tem paciência se não entendemos alguma coisa e, além disso, se ela repete, manda virar a página e, de um jeito ruim, nos questiona, cobra, e isso não se faz." (Aluno)
>
> "UMA VEZ gritei que não entendia e fui expulso da sala. .... Todos nós temos medo dela (referindo-se à professora)... Temos de mudar de professora porque ela não respeita os alunos" (Aluno).

Quando o professor/aluno está estressado/frustrado/cansado, não regista a emotividade do contexto e não encontra uma forma de dizer o que sente; os jovens expressam o que sentem com menos filtros, e pode acontecer que o professor fique na defensiva. Então, o processo de comunicação eficaz quebra-se num "contexto de impaciência" que inclui desilusões de que ninguém fala explicitamente. Assim, o que previne a violência é desenvolver a paciência/continência/hospitalidade/concavidade.

D. Interações em que a incompletude não é tolerada, com desilusão por expectativas não cumpridas.

Ocorre quando o que é proposto é pensado a partir de um quadro ideal, com pouca correspondência com o contexto real. Ocorre então uma desilusão em relação ao que se pode esperar de um parceiro/professor.

> "Ele deve compreender, se não para que é que serve ser professor?
>
> "Ele não gosta de nós e nós temos medo dele" (Aluno)
>
> "Pela minha parte, o que eu contribuo é a presença... Estar presente nos momentos de lazer, ajudar o Diretor e o Secretário... Dar uma mãozinha no que for preciso..." (Professor)

O aluno e o professor são da mesma área curricular e da mesma escola e ano de estudo.

Qual é a diferença entre a autopercepção e a forma como os outros nos vêem? Se o professor e o aluno aprenderem a esperar sem agir na defensiva, em vez da raiva, deixamos aparecer a serenidade do pensamento.

E. Interações em contextos de "exposição" à diversidade.

> "Perante um aluno que era discriminado por ser homossexual, adoptei uma postura protetora....". (Professor)

A escola de hoje afirma-se inclusiva, mas se não se basear no registo emocional, a inclusão é um ditado, uma norma, desligada das práticas interativas. Quando a diversidade é negada ou ridicularizada, a emocionalidade que circula não é registada, a comunicação torna-se pouco empática e as diferenças são vividas como um mal inevitável, e é aqui que a raiva pode aparecer.

Para que a escola não perca a sua "capacidade de prometer", deve recuperar a confiança na palavra do outro, dar futuro e esperança. Isto implica uma passagem da autoridade baseada no "mandato" para a autoridade baseada na "responsabilidade". A literacia emocional é um direito, pois permite construir uma gramática capaz de ler os estados emocionais e de resolver os problemas antes que se transformem em conflitos.

A raiva, a vergonha, o amor, o ódio, o medo, o ciúme, a inveja constituem uma espécie de equipamento que trazemos conosco desde o nascimento. Um equipamento defensivo que, no encontro com a família, a escola e a cultura social, pode ser processado se o ambiente for receptivo, caloroso e empático.

Fizemos este percurso através da expressão da Raiva e dos contextos em que ela é gestada e sustentada, porque como psicanalistas vivemos na nossa realidade latino-americana em contextos complexos com a violação dos direitos humanos, com a inversão de perspectivas no relato dos factos, oficializados desde o colonizador até aos dias de hoje. Esse estado de coisas provoca respostas polares, desde a repressão da emocionalidade até a explosão da raiva.

Propomos uma psicanálise que nasce da consciência de sua participação na sustentação da liberdade e da cidadania responsável para uma cultura de paz. Isto requer práticas que defendam o cumprimento dos direitos humanos e uma abordagem de trabalho comunitário, em que a ideia é que ninguém vive, cresce ou se salva sozinho.

Referências

Equipo Educreando©binacional (2020). *Emocionario, guía para padres, docentes y psicólogos*. Psiconline.

Mansione, Zac, Temelini y otros (2016). *Caja de herramientas para la educación emocional*. Noveduc.

Maruottolo Sardella, C. (2016). Más allá del principio de realidad. Subjetividad y psicoanálisis de tercera generación. *Aperturas psicoanalíticas. N 052.*

Rilke, (2005). El sepulcro de una muchacha joven. In *El libro de las horas.* Hiperion.

Ulloa, F. (2005). *Seminario internacional la escuela media hoy.* Ministerio de educación, ciencia e investigación de la Nación Argentina. Vuelta Grande.

Winnicott, D. (1996). *El Hogar nuestro punto de partida.* Paidós.

Parte IV
Outros temas, novas reflexões

13. O analista na comunidade – A comunidade de analistas

Cecilia Lauriña

"Mais que estrangeiro, Pichon-Rivière promovia estrangeirismo, no afã de encontrar outros conhecimentos e recursos, abrindo vocação por campos estranhos aos mais tradicionais da psicanálise."

Fernando Ulloa

Começarei relatando uma experiência pessoal-grupal e institucional. Tenho a satisfação de coordenar, há três anos, a Subcomissão Psicanalista no Território[1] da Secretaria Científica da Associação Psicanalítica Argentina. Esta subcomissão nasceu por iniciativa de Cristina Salas, que na sua função de secretária científica, solicitou-nos a tarefa de visibilizar as práticas extraterritoriais na nossa instituição. Foi deste modo que nos constituímos em algo assim como um grupo de investigação.

O primeiro que encontramos foi o silenciamento e a pouca visibilidade que estas práticas tinham. Gozavam de certa adjetivação negativa: psicanálise aplicada, degradada, até vergonhosa. Algo assim como: se faz e não se diz e, se se diz, é em voz baixa... especialmente no marco da formação psicanalítica.

1 Integrantes da Subcomissão: Gabriela Fridman, Liliana Amarilla, Gabriel Finquelievich, Alejandra Gómez, Any Krieger, Raúl Neumann, Carlos Tewell, Laura Trotta.

Perguntamo-nos muitas coisas: o que é um território? quem o delimita? quais são as suas fronteiras? que transferência opera? com que ferramentas o analista conta para transitar por esses territórios ignotos? que história podíamos rastrear desde a criação do Instituto de Berlim, no nosso país e na Associação Psicanalítica Argentina?

Vou tentar desenvolver algumas destas ideias, sem pretender dar respostas. Ou seja, me proponho a lançar questões e, no melhor dos casos, derrubar algum preconceito.

Nesse caminho de investigação, também foi surgindo a pergunta sobre o lugar que estas práticas, às quais não lhes faltam antecedentes nem teorias, possuíam na formação analítica.

Um importante número de membros e analistas em formação trabalham em variadíssimos territórios, não obstante, percebíamos certa dissociação entre o que observamos como um território habitado por analistas muito comprometidos com o trabalho comunitário, e a formação psicanalítica, já que não foram oferecidos seminários curriculares que proporcionam ferramentas para estas práticas. Embora estejamos convencidos do imprescindível e iniludível de uma passagem responsável pela análise, a supervisão e a abordagem teórica dos conceitos fundamentais da psicanálise para poder sair à comunidade, também é imprescindível percorrer os muitos autores que tanto têm pensado e teorizado as intervenções psicanalíticas além do divã. Caminho inexorável de ida e volta. Psicanálise em intensão e extensão.

Foi assim que surgiu a proposta de um seminário curricular: "Psicanalistas no Território", que nós damos em grupo, onde a investigação e a horizontalidade se transformaram em um modo de transmissão psicanalítica diferente do clássico. Neste seminário percorremos diversos autores, desde os pioneiros aos contemporâneos, com a contribuição clínica e vivencial dos analistas que hoje povoam esses territórios. Um espaço no qual se pode contar: contar o vivido e contar com o outro. Assim, se vai tecendo um entrelaçamento entre teoria e prática, num espaço de escuta compartilhada.

Desse modo, se foi criando um "acolhedor sem vergonha", segundo Liliana Amarilla[2].

Deixo este depoimento com a clara intenção e o desejo de que a formação psicanalítica vá transformando as fronteiras em pontes.

A experiência de Rosário marcou minha vida como psicanalista[3]

Fernando Ulloa relata uma experiência inaugural. Pela mão de Pichon-Rivière e uns quantos analistas aventureiros, tomaram um trem à Rosário lá pelo ano de 1958, com muito medo, intriga e paixão, já que não sabiam o que iam encontrar.

Pichon preparou uma equipe de trabalho usando técnicas grupais. A realização desta experiência, na cidade de Rosário[4], foi divulgada através de cartazes.

> *A viagem da equipe de coordenadores à Rosário foi feita de trem. Eram na sua maioria novatos na tarefa a ser realizada, que não era muito clara. Quase todos eram psicanalistas discípulos de Pichon-Rivière na Associação Psicanalítica Argentina: David Liberman, Fernando Ulloa, José Bleger, Edgardo Rolla, entre outros (Carpintero, & Vainer, 2009).*

No transcorrer da viagem, conta Ulloa, que diante das dúvidas e incertezas sobre o que ia acontecer, Pichon-Rivière lhes respondeu:

2 Analista em formação da APA, integrante do seminário.

3 Fernando Ulloa, Psicología Psicoanálisis Salud Mental. Disponível em: www.campopsi.com.ar

4 Rosário, cidade da Província de Santa Fé, Argentina.

"Se quando tomarmos o trem de volta nos jogam bosta, quer dizer que quando um grupo como este faz em Rosário *o que terminemos fazendo*,[5] ao ir embora lhe jogam bosta". Dessa maneira ele tranquilizou o grupo. Pichon, na abertura do encontro, falou de *kakistocracia*, significado que só os integrantes da equipe puderam entender, já que aludia elipticamente aos incertos resultados da experiência.

Esperava-os um público numeroso e heterogêneo, desde estudantes e professores universitários, pintores, donas de casa, corretores de seguros, trabalhadores do porto, empregados no comércio, algumas prostitutas e até boxeadores. Foram organizados formando grupos heterogêneos com um coordenador e trabalharam durante todo o fim de semana sobre variadas problemáticas que cada grupo propunha. "*Frente a uma máxima heterogeneidade dos componentes se podia conseguir uma máxima homogeneidade na tarefa*", relata Ulloa.

A "Experiência Rosário" deu frutos que afiançam as práticas na comunidade até os nossos dias; a metodologia de Grupos Operativos, criada por Pichon-Rivière, e a sua conceitualização do Esquema Conceitual, Referencial e Operativo (ECRO), teve plena vigência desde os anos 60 na educação nas faculdades de Medicina, Psicologia e outras carreiras.

> *Pichon-Rivière, um ano depois, fundou a Escola Privada de Psiquiatria Social que, com o passar do tempo, se transformou na Escola de Psicologia Social. A importância de sua prática e do seu pensamento criou discípulos como F. Ulloa, J. Bleger, D. Liberman, E. Rolla e muitos outros da geração seguinte, entre os quais podemos citar Armando Bauleo e Hernán Kesselman. Estes, pertencentes ao campo da psicanálise, serão agentes multiplicadores desta*

5 O grifo é de minha autoria.

nova abordagem grupal que se estenderia até limites impensáveis na década de 60 (Carpintero, & Vainer, 2009).

Naqueles tempos foram se desenvolvendo teorias que hoje é necessário rever, atualizar, repensar. Dignos e muito criativos desenvolvimentos que partiram de experiências no campo social e hoje são o sustento de novas práticas.

Ressalto o que foi dito nas palavras de Rivière, em plena chegada à Rosário: "...o que terminemos fazendo", claro significante de uma arriscada aposta de manter a incerteza e a satisfação pela novidade, mais que a tradição. Não sabiam o que ia acontecer, mas estavam em uma posição privilegiadamente psicanalítica: dando a palavra e abertos à escuta do mais imprevisível, alheio e estranho. Estes pioneiros que levavam a psicanálise na sua forma de escutar, de olhar o campo e ler a realidade se empenhavam em desenvolver técnicas para criar pensamento crítico, talvez porque eles mesmos não tinham preconceitos quanto à saída dos consultórios.

O analista na comunidade

A psicanálise nasce do questionamento sobre o que até esse momento descartado, do nímio, do estranho.

Aquilo que surge do que está por fora do marco estabelecido costumam ser as práticas em diversos territórios, extramuros, além das pulcras paredes que hospedam os chiques divãs. O trabalho nesses territórios marginais nos permite abrir as fronteiras, "concebidas como zonas férteis e os conceitos como migrantes" (Horenstein, 2023, p. 338).

Fronteira é esse espaço sem dono, esse espaço onde não só há delimitação de lugares; as fronteiras são espaços em movimento, nos quais há intercâmbios, há acontecimento e produção. É necessário interrogar as fronteiras para resgatar suas variadas arestas, a especificidade da nossa disciplina e as suas múltiplas possibilidades.

Desde o próprio começo da psicanálise estas práticas tiveram lugar e relevância. Como vínhamos afirmando, também deram lugar a infinitas e ardentes discussões sobre o seu pertencimento a respeito do campo da psicanálise. Transitar nesses territórios devastados pela violência, exclusão e pobreza, dando palavra e visibilizando o excluído e silenciado do tecido social, pode acarretar perigos de perda identitária, deixar de ser considerado psicanalista, por exemplo. No entanto e felizmente, ou por atitude tenaz e comprometida, estas práticas são vigentes e cada vez mais estendidas e validadas. Transitar por esses territórios implica riscos, mas também a possibilidade de sair bem fortalecidos.

O que autoriza a um psicanalista no seu trabalho comunitário?

Perdemos rigorosidade, seriedade, especificidade?

Atualmente, abriram-se territórios a serem explorados, como o *queer*, o trans, as identidades de gênero, as migrações, racismos, discriminações, entre muitos outros, que questionam os nossos saberes e identidades; a pandemia também impactou sobre os nossos saberes instituídos e os enquadramentos habituais. Inesperadamente e surpreendidos pela nossa insuspeitada flexibilidade, conseguimos realizar as mudanças necessárias para que a escuta psicanalítica continuasse vigente. Autorizamo-nos a trabalhar em um espaço diferente, o consultório tradicional se transformou em um telefone ou em uma tela, e novamente a psicanálise deu mostras da sua eficácia, mesmo em territórios desconhecidos.

Atrevo-me a afirmar que é a presença do analista, com a sua escuta, com a sua adequada posição abstinente e convicção no método, o que cria, transferência mediante territórios nos quais a sua intervenção será oportunidade. Tratar-se-ia de usar os conceitos freudianos como uma base firme e ao mesmo tempo maleável, que nos permita operar com o tripé como base de sustentação.

Defino, então, os elementos que considero fundamentais no trabalho além do divã: transferência-abstinência, escuta, convicção no bom poder da palavra e uma ética que diferencie estas práticas de qualquer técnica sugestiva ou assistencialismo de qualquer tipo. Reconhecendo a ignorância, que é douta, e a falta de receitas, podemos enfrentar novos desafios e oferecer palavra e escuta. A abstinência adquire verdadeiro sentido, em princípio como abstinência ao poder, já que vamos aos territórios "como os baqueanos, com pouca bagagem" (Ulloa, 2023, p. 32), numa atitude que, longe de posicionamentos certeiros afirmados em um saber, dá lugar ao outro. Ulloa (2023, p. 103) a chamou "estrutura de demora", "...abstinência concebida como uma espécie de arte marcial, que não suprime o registro, mas sim a ação imediata...". O que se demora, então, é uma resposta, uma solução ilusória, já que o próprio dispositivo delineia um caminho.

A clínica extramuros nos confronta cada vez a ir além do marco estabelecido, repensá-lo e redefini-lo, não para agir sem nenhuma marca, mas sim nos dando a liberdade de ir além do instituído em uma abordagem psicanalítica criativa e instituinte, de novas marcas talvez...

Será necessária a insubordinação, a separação que promove liberdade de pensamento, para transitar por fronteiras que podem se transformar, então, e a propósito da liberdade, em pontes, em novos contornos para novos desafios.

A comunidade de analistas

Ingressar na instituição psicanalítica e realizar a formação é uma aventura apaixonante, transitar o tripé de formação dá lugar ao analista em formação a posicionar dignamente a sua posição ética.

A um século da institucionalização da psicanálise é necessário refletir sobre o nosso próprio território.

Território em constante movimento, ao compasso das mudanças sociais.

Território hoje afetado nas suas modalidades habituais e enquadres pelas mudanças que foi necessário incorporar devido à pandemia, à implementação da virtualidade para dar continuidade ao tripé e às novas encruzilhadas de um mundo que muda vertiginosamente e exige uma revisão dos nossos posicionamentos éticos.

Talvez estas impensadas mutações sejam a oportunidade de revisar regras e estereótipos que criam garantias ilusórias.

Lembremos que Freud (2013[1912-1913], p. 172) afirmava que para o médico nem sempre é fácil manter-se dentro das fronteiras da ética e da técnica que são prescritas, "especialmente ao homem jovem e não bem afirmado". Então, a posição subjetiva dos "analistas mais reconhecidos" (Freud, 2012/1919[1918], p. 169), como eram chamados por Freud, que exercem a função de analista, supervisor ou professor, também deveria ser objeto de revisão e investigação. Alguns analistas confiantes na sua experiência esquecem isto: "Só o verdadeiro sábio será modesto, pois sabe quão insuficiente é esse saber" (Freud, 2010[1926], p. 217). A formação é permanente e nenhum analista está a salvo de ocupar posições que, desde o autoritarismo, não dão lugar às mudanças que as novas realidades exigem e não favorecem que os analistas em formação vão adquirido um pensamento mais autônomo, no longo processo de formação.

Entretanto, ainda contando com analistas experientes que desejam fazer uma verdadeira transmissão da psicanálise, é necessário considerar como o sistema de formação institucional, assim como propicia e enriquece o candidato, também pode funcionar como um obstáculo. Pela sua vez, o cumprimento do dever seria condição que garantiria o pertencimento, ser aceito e valorizado pela comunidade analítica. Extremando os termos, poder-se-ia dizer que a liberdade do movimento do candidato em formação está diminuída, limitada não só pela regulamentação, senão também pela posição subjetiva de cada um. Por esta razão a articulação das diferentes posições do tripé deve deitar no divã.

Nesse sentido, seguindo o vestígio dos criativos, mas também irreverentes pioneiros, é preciso repensar as fronteiras e as marcas que a instituição impõe, de acordo com Orduz, e dar resposta aos novos paradigmas nos quais nos vemos enfrentados.

- Levam-se em conta os contextos socioculturais dos analistas em formação na hora de exigir-lhes o cumprimento das regras?
- Considera-se o trabalho que realizam na comunidade como parte de sua formação?

Da mesma maneira, as análises e as supervisões a distância, que tiveram um bom desenvolvimento e eficácia, resolveram graves problemas de endogamia e possibilitaram aos analistas, que moram longe das associações, continuar com sua formação.

Talvez é hora de modificar o instituído e pensar em novos formatos instituidores, mais inclusivos e democráticos.

Vejamos o depoimento de um analista aderente:[6]

O que a virtualidade permite

> "Durante o tempo em que realizava a formação, o IPA ainda não validava formalmente a supervisão, a análise e os seminários online, por isso apenas dialogava com os poucos analistas que faziam parte do pequeno instituto na minha cidade. O instituto não proporcionava

---

6 Analista aderente que prefere guardar a confidencialidade.

> nenhuma abertura, parecia ter medo de se vincular com outros institutos que falassem um "idioma" diferente.
>
> No último ano da minha formação, a OCAL ofereceu a possibilidade de fazer intercâmbios virtuais com diferentes institutos da América Latina, uma oportunidade emocionante no meu desejo de conhecer outras maneiras de pensar, de vincular-se, de ler, de viver... outros idiomas. Aí, não vacilei em me inscrever o que, por um lado, gerou insegurança por parte do meu instituto e, por outro lado, o início de uma nova aventura em que me convidavam para participar de grupos de estudo, seminários, congressos internacionais, webinars etc., com apenas levantar a mão timidamente. Agora tomava forma o que chamavam a "quarta pata" (o quarto pé) que ouvia de vários candidatos em nível internacional, o compartilhamento entre colegas. Esta possibilidade de compartilhar e me compartilhar abriu na minha mente a possibilidade, não só de me pensar e nos pensarmos (paciente-analista e analista novel-analista experiente, ser humano-ser humano) de uma forma diferente da minha própria análise, senão de ter uma supervisão e um diálogo sobre a supervisão (nos seminários da APA) desde uma visão a qual não prima o poder, mas sim a sensibilidade, a humanidade, o vínculo, a camaradagem. A possibilidade de supervisionar práticas fora do consultório e com analistas de outros países me permitiu não só aprender sobre uma teoria e uma técnica diferente e/ou complementar, senão sobre a aceitação da minha contratransferência a serviço do paciente e, especialmente, do uso da minha própria sensibilidade na cura pela palavra".

Estas eloquentes palavras nos convidam a repensar o instituído das nossas regulamentações que podem afogar o desejo em prol do cumprimento do dever e o cuidado das instituições mais que o crescimento de seus membros.

Como esta analista menciona, a Organização de Candidatos de América Latina (OCAL), organizou, nos últimos, anos intercâmbios entre institutos, a fim de que os analistas em formação possam abrir as portas de seus institutos e conhecer outras vozes, outros pensamentos, outras formas de transmissão. Foi uma proposta que contou com um grande número de analistas em formação desejosos de abrir as portas de seus institutos e chegar a outros confins. Entretanto, esses seminários cursados "fora de casa" não são reconhecidos pelos institutos. Cabe perguntar se esta experiência não deveria ser considerada pelos institutos de formação, já que os intercâmbios intersocietários poderiam beneficiar não só aos analistas em formação, também às sociedades, que se enriqueceriam com novas perspectivas.

Isso me fez lembrar uma reflexão muito oportuna de Ulloa (2023, p. 32):

> *Embora a fidelidade é mérito importante do melhor amigo do homem, os cães não são bons amigos da psicanálise, entre outras coisas devido a sua decidida aposta pelo amo. Quando não o fazem é porque abandonaram os hábitos servis, talvez em prol de uma recuperada lealdade ao antigo instinto dos seus primos, os lobos, mesmo pagando o preço da intempérie. O mesmo preço que a psicanálise paga quando se afasta dos caminhos domesticados pelo uso, para se arriscar por veredas poucos habituais, mas propícios para evitar os obstáculos que dificultam a tarefa psicanalítica, apontando ao inconsciente.*

Seja uma teoria, um autor ou uma regulamentação que esteja no lugar do amo, produzirá submissão e fechará a via à invenção e ao pensamento crítico, aquele proporcionado pelos nossos pioneiros.

Sobre a supervisão nos territórios

Outra questão que é preciso considerar no marco da formação psicanalítica é, como vimos expondo, que lugar damos às práticas extramuros em nossas instituições, já que a maioria dos analistas membros ou em formação trabalham em territórios variados, mas a formação curricular não os inclui. Também não é possível realizar supervisões oficiais sobre estas práticas. Poderiam ser incluídas?

Luis Bibbó e Silvana Hernández (2023) dizem:

> *...o futuro do ofício do psicanalista nos apresenta campos inéditos por conhecer, percorrer e conceitualizar, nessa tensão necessária entre tradição e criação, sem entronizar a pureza das origens e, pela sua vez, sem nos afastar e perder as raízes.*

Faz algum tempo, um analista em formação me falou de uma triste (tragicômica) experiência: ao demandar uma supervisão sobre seu trabalho no âmbito carcerário, a resposta que obteve foi uma contundente negativa. "Melhor que troque de trabalho", resposta baseada na ideia da complexidade desse território e da dificuldade para pensar um dispositivo de supervisão adequado. Ao contrário, poder-se-ia argumentar que são essas complexidades as que põem à prova a eficácia do nosso método, nascido entre guerras, escutando as situações mais atrozes.

Estar acompanhado

Tomo este eloquente depoimento que conheci através do trabalho "Des-marcando límites" escrito por Fernando Orduz[7] que tive o prazer de comentar na apresentação do libro *Práticas psicanalíticas na comunidade*, na APA, em maio de 2023.

Agradeço ao Fernando e a Pilar esta possibilidade:

Pilar Raffo[8], analista da Associação Peruana de Psicanálise, tem como paciente Alfredo no Centro de Atendimento Psicossocial, onde

7 Analista da Sociedade Colombiana de Psicanálise.

8 Analista em formação da Sociedade Peruana de Psicanálise.

se trabalha com pessoas afetadas pela violência de origem política. A sua mãe está presa por pertencer a uma organização terrorista. "*O que é uma presa política?*", pergunta Alfredo, já instalada a transferência.

> *Pilar pega na mão de Alfredo e cruza os limites proibidos, sai do consultório para se encontrar com o paciente, perto da prisão onde a sua mãe está detida. A terapeuta vai ao encontro extramuro com seu paciente carregando um sentimento de culpa que parece um vigilante que nos supervisiona do interior para nos lembrar que estamos ad portas de enfrentar os julgamentos de Torquemada que nos levarão ao inferno. Mas Pilar não se intimida, atreve-se, atravessa o umbral, espera Alfredo no espaço externo da prisão. Por esse espaço analista e paciente vão de mãos dadas, cada um com seu silêncio, como adentrando-se em algum dos círculos de Dante, buscando um espaço dedicado à memória (Orduz, 2023, p. 72).*

Tempo depois, impactada por este relato, entrei em contato com Pilar para obter mais dados sobre a sua intervenção.

> *Havia percebido que Alfredo estava em uma situação de risco real", diz Pilar. "Decidi então lhe informar sobre o Grupo Sendero Luminoso e os presos políticos. Propus irmos juntos à exposição fotográfica da Comissão da Verdade e Reconciliação, 'Yuyanapaq'. Sentia que necessitávamos despovoar os fantasmas para que a realidade viesse e isso lhe permitisse fazer perguntas.*
>
> *Eram tempos da Comissão da verdade e, como acredito que às vezes as coisas acontecem de forma circunstancial animadas por um desejo de conhecer esses extramuros. Eu*

> *trabalhava dentro, mas também fora da prisão, na instituição onde havia discussões de grupo entre pares.*[9]

Quando lhe comento a Pilar que estou escrevendo sobre a supervisão nos territórios, me comenta esta emocionante experiência:

> *Uma supervisora muito querida e especial como María Ángela Cánepa que acreditava ardorosamente nesta tarefa comunitária, e que trabalhou muitos anos antes que nós neste campo com Viñar, quando recém se falava sobre isto, me acompanhou nesta decisão. Acho que se não tivesse sido acompanhada mental e emocionalmente por ela não sei se teria feito isso. Assim que esta é a minha homenagem à María Ángela, que já não está mais entre nós faz muitos anos.*[10]

Assim como reflete Orduz (2023, p. 72) nós, os analistas, costumamos a ir a esses incertos e proibidos territórios, acompanhados por um "*vigilante que nos supervisiona desde o interior*", culpa superegóica que observa e inibe. O melhor antídoto é o acompanhamento de um supervisor que dê escuta e palavra, que habilite, que propicie a reflexão para poder enquadrar estas práticas tendo sempre, *a posteriori,* esclarecer seus efeitos e o muito que oferece à formação do analista.

A intervenção do supervisor varia se sua posição é de aval da norma institucional ou se sua orientação promove o discurso analítico, incorporando os novos desafios aos que nos deparamos na clínica contemporânea. Novos saberes, novos horizontes.

---

9 Pilar Raffo. Comunicação pessoal com a autora, maio de 2023.

10 Idem.

Referências

Bibbó, L.; & Hernández, S. (2023). El psicoanalista en su ida y vuelta a la comunidad. *Revista Calibán.*

Carpintero, E.; & Vainer, A. (2009). Los cambios sociales y culturales en la década del sesenta y el auge del psicoanálisis en la Argentina. Enrique Pichon-Rivière y la Experiencia Rosario. *Topia.* Disponível em: http://www.topia.com.ar/articulos/enrique-pich%C3%B3n-rivi%C3%A8re-y-la-experiencia-rosario.

Freud, S. (2013). Puntualizaciones sobre el amor de transferencia. In *Obras completas,* Tomo XII. Amorrortu. (Trabalho original publicado em 1912-1913).

Freud, S. (2012). ¿Debe enseñarse el psicoanálisis en la universidad?. In *Obras completas, Tomo XVII.* Amorrortu. (Trabalho original publicado em 1919[1918]).

Freud, S. (2010). ¿Pueden los legos ejercer el análisis? Diálogos con un juez imparcial. In *Obras completas, Tomo XX.* Amorrortu. (Trabalho original publicado em 1926).

Horenstein, M. (2023). El incendio y el relato. In S. Terepins & S. Bracco (orgs.). *Práticas psicanalíticas na comunidade.* Blucher.

Orduz, F. (2023). "Des-marcando límites". In S. Terepins & S. Bracco (orgs.). *Práticas psicanalíticas na comunidade.* Blucher.

Ulloa, F. (1995). *Novela clínica psicoanalítica. Historial de una práctica.* Paidós.

Ulloa, F. (2011). *Psicología Psicoanálisis Salud Mental.* Disponível em: www.campopsi.com.ar.

14. Povos originários ou origem dos povos? Uma visão psicanalítica

Natalia Mudarra

(...) Sou pedra e batimento cardíaco, sou o rugido de uma fera na noite,
batida de chuva na areia.
Meu cabelo flutua no rio, sou o brilho dos vaga-lumes entre as folhas.
Pertenço à selva, trago palavras de união e força,
de alento e esperança.
Nossas línguas, nossas vozes estão escritas em fogo e sangue
vivem no ar, ressoam através dos séculos.
Nossa força está na terra e na união com ela,
nosso vigor está em nossas canções, em nossas flautas,
nos nossos passos através das árvores (...)

Oração do Xamã

Este poema pertence a um livro que me chamou a atenção e que não resisti comprar numa viagem ao meu país natal. Pude perceber nos meus companheiros o interesse em compreender a motivação e a utilidade que, para mim, poderia ter um tratado sobre o mundo indígena venezuelano.

Foi um desafio (bem recebido) transmitir-lhes que o meu trabalho também se dá na interação com o que é diferente e fora dos muros, sendo a realidade dos povos originários a oportunidade de fomentar em mim e em pessoas próximas, a sensibilização para outro diferente; situação que, atualmente, parece não ser tolerada ou sustentada pela humanidade.

Segundo a Briitish Braodcasting Corporation (BBC), em um artigo escrito pelo jornalista Ricardo Senra (2023), se afirma que o mundo está se tornando um lugar mais violento em relação ao que se vivia no início do século, e prevê-se que a situação possa piorar nos anos seguintes com a ativação de conflitos armados que poderiam potencialmente tornar-se guerras múltiplas. Aí se destaca:

> *Juntamente com a guerra entre Israel e o Hamas na Faixa de Gaza, que acumula milhares de mortes desde 7 de outubro, e a invasão russa da Ucrânia, que completará dois anos em fevereiro de 2024, vivemos atualmente conflitos armados em grande escala em Burkina Faso, Somália, Sudão, Iémen, Myanmar, Nigéria e Síria.*

Interessar-se pelo diferente, tentar aproximar-se desse Outro sem colonizá-lo ou subjugá-lo, está na nossa natureza como analistas. Trabalhamos ao longo da nossa formação para respeitar e promover a autonomia de pensamento em nós e nos nossos pacientes. No entanto, é valioso que possamos proporcionar às comunidades dos nossos países e regiões locais o espaço mental disponível para sermos receptivos aos conteúdos emocionais, sociais e culturais que não nos pertencem propriamente, mas que nos pertencem numa visão macro, e que, dada a globalização, necessariamente nos impactam.

Mas o que a Psicanálise pode dizer sobre isso?

Considero que duas das razões pelas quais a Psicanálise tem sido criticada historicamente são, em primeiro lugar, porque trata excessivamente do individual, do singular, do interno, e, em segundo lugar, porque tende a pensar como um corpo teórico que não muda, não se transforma, que não é permeável às vicissitudes do tempo.

Acho que pode haver uma confusão aqui que vale a pena esclarecer. Certamente, a Psicanálise encontrou evidências suficientes para sustentar que os primeiros anos de vida do bebê humano são decisivos no seu desenvolvimento posterior, este é um dos pilares do corpo teórico psicanalítico, mas também o é a importância das séries complementares, ou seja, de todas as condições que cercam o bebê.

Freud sempre teceu relações entre o contexto íntimo e o social onde ocorria essa interioridade. Ele refletia constantemente sobre situações e experiências que aconteciam fora de seu consultório e que impactavam dentro dele.

Exemplos dessas compilações que fez sobre a interação do indivíduo e da cultura são:

- Moralidade sexual cultural e nervosismo moderno (1908);
- Totem e Tabu (1913);
- Psicologia das massas e análise do ego (1921);
- O futuro de uma ilusão (1927);
- Mal-estar na Cultura (1930);

para citar apenas alguns.

Embora a contribuição mais valiosa do pai da psicanálise tenha sido desenvolver a ideia de que existe um mundo interno, psíquico, que nos governa, ele também desenvolveu a noção de uma interioridade que está relacionada a uma exterioridade, sendo ambas permeáveis à sua contraparte.

Ou seja, desde o início Freud esteve desalinhado com o pensamento purista, aceitando e promovendo as trocas da Psicanálise com outras ciências e saberes, reconhecendo assim o impacto firme e permanente da cultura.

Percebeu também que deixar-se permear "pelo que está fora" desperta muitas ansiedades: de separação, de perda, de aniquilação. Ele mesmo experimentou isso quando a Psicanálise começou a ter adeptos que queriam amplificar, declinar ou questionar o que ela "já dizia". E muitas vezes o que acontece fora da nossa mente, do nosso consultório, da nossa sociedade, pode ser ameaçador e com isso, despertar atos de evitação e em alguns casos, maus-tratos para com aquele não-eu, um dos motivos da violência a que somos constantemente encaminhados como civilização.

Embora em Totem e Tabu, de 1913, Freud já tivesse aplicado a psicanálise a temas de etnologia, foram os autores posteriores que sistematizaram essa abordagem, estabelecendo assim a etnopsicanálise como um campo na interface entre a psicanálise e a antropologia.

A etnopsicanálise fornece informações sobre a relação entre conflitos internos e contradições e tensões na estrutura social. Os conflitos internos não podem ser elucidados apenas através da análise dos indivíduos, segundo Parin (1977), mas a origem e o resultado dos conflitos internos devem ser considerados no contexto das condições sociais e dos processos históricos das pessoas. Os critérios de saúde e doença, bem-estar e mal-estar, merecem ser questionados para cada parcela de indivíduos da raça humana no contexto que queremos compreendê-los.

Um dos motivos para adquirir o livro, que abriu este artigo, não foi apenas sentimental, devido à minha proximidade e saudade da Venezuela. Foi também porque há quase 10 anos tenho interesse pelos povos indígenas, período durante no qual residi no Panamá.

Mas o que se entende por povos indígenas? É um nome para se referir aos descendentes daqueles que estavam no local antes da chegada de outros, que hoje constituem a sociedade majoritária e dominante. Na América Latina, corresponde aos grupos de humanos descendentes de ancestrais pré-colombianos que mantiveram suas características linguísticas, sociais e culturais (OPS, 2023). Muitos dos membros destas comunidades indígenas continuam a habitar e a cuidar das terras herdadas dos seus antepassados.

Freud já havia dito que o indivíduo não é dono da sua própria casa-mente; embora seja um espaço que habita, deve-se fazer esforços suficientes para conhecê-la e cuidar dela. Uma boa metáfora para o que devemos buscar também com o mundo e a natureza, fora de nossas mentes. Afinal, é também um mundo que nos foi herdado.

Essa relação homem-natureza me chamou poderosamente a atenção e foi o que me levou a tentar entender muito mais os povos originários, que têm uma relação de cuidado e respeito com a mãe terra que não tem sido possível replicar por outros grupos de humanos.

Atualmente, os psicanalistas que trabalham fora do consultório, somos muito mais conscientes da importância de defender a ética do respeito às práticas e crenças nativas das pessoas, mas também podemos ser e tentar construir pontes para encurtar a distância ideo-afetiva em direção ao novo, em relação a pessoas e grupos sociais diferentes da cultura dominante. Mais que um direito, um dever.

Vejamos um exemplo disso

O povo Guna é um dos sete grupos indígenas que vivem na costa caribenha do Panamá e da Colômbia, principalmente no arquipélago Guna Yala, que é composto por 378 ilhas, das quais apenas algumas são habitadas. Seu território é administrado pelos povos indígenas que levam seu nome, sendo uma das maiores e mais representativas comunidades indígenas da América Latina.

Uma das situações de saúde mais disseminadas na comunidade Guna é o VIH e a SIDA. Através de uma fundação com a qual trabalhei, que lhes proporcionou cuidados preventivos e tratamento individual e comunitário sobre estas questões, aprendi muito mais sobre os seus costumes.

Com os Gunas aprendi que os membros dessas comunidades tinham que fazer um grande esforço para entender o espanhol (na língua Guna não existe a palavra vírus, por exemplo. E sim, é uma língua, pois tem alfabeto e estrutura gramatical).

Observei também que eles tinham dificuldade em não conseguir entender a medicina moderna (muito divorciada da medicina que conheciam), vivi as dificuldades de saúde e de transporte que eles sofriam e, com tudo isso, entendi, em parte, porque eles se sentiam menos respeitados e cuidados do que o resto da população não indígena.

Quanto à sua relação com a natureza, observei que quando um membro da comunidade está doente e necessita de algum preparo medicinal, o nele (médico tradicional) conversa com o espírito da planta, pede autorização à mãe natureza e com isso a sua proteção, como ritual de respeito e submissão aos seus dons benevolentes. Também que tenham rituais de gratidão pelos recursos que a terra lhes proporciona.

Abordagem inicial com povos originários

Voltando à experiência com a fundação, entendi que primeiro tinha que entender a forma deles de "curar feridas" antes de impor a forma "correta" conhecida como medicina do "homem da cidade", como nos dizem. Ensinaram-me que unguentos, misturas, ramos e banhos medicinais não são incompatíveis, mas complementares ao modo de cura dos waganegas (comunidade de estrangeiros, não indígenas). As crianças das comunidades indígenas eram curadas pela medicina moderna, é verdade! Isso melhorou muito a sua qualidade de vida, mas também o retorno à sua terra, os banhos com ramos da avó e a preocupação e cuidado da comunidade.

Dar informações na língua guna foi um desafio, fazer com que confiassem em nós e nos recursos que lhes emprestávamos era ainda mais difícil; descartavam facilmente as intervenções se não estivessem adaptadas ao seu cotidiano, e se as aceitavam não era por muito tempo se não tivéssemos previamente investido o suficiente para fazê-los compreender que a proposta ocidental não extinguia os seus costumes.

Por que um psicanalista deveria aproximar-se dos povos indígenas?

Porque o mundo precisa ser humanizado, mas ao mesmo tempo descentrar-se da relevância do homem branco, com poder, que vive na cidade. Também porque sofrem.

Uma grande parte da população indígena panamenha, e isto é certamente extensível a outros países da região, continua a viver numa situação de marginalização e exclusão social.

Para a Organização Pan-Americana da Saúde (OPS), em seu relatório de 2023, "A situação sociodemográfica dos povos indígenas na América Latina e no Caribe", estimou-se que em 2018 havia cerca de 58 milhões de indígenas na América Latina, o que equivale a 10% da população total desta sub-região.

Os povos indígenas ou povos originários sofrem as maiores desigualdades na América Latina, em decorrência de situações sociais, econômicas, culturais e políticas promovidas pelos processos de conquista e colonização, que posteriormente se naturalizaram em práticas invisíveis, até mesmo discriminatórias (OPS, 2023)

Isto fica evidente nas precárias condições de acesso aos serviços de saúde, nos baixos níveis de escolaridade, na inserção laboral em ocupações de menor remuneração, na elevada mortalidade infantil, entre outros. Além disso, isso é confirmado pela intensa migração dos territórios indígenas para outras áreas do país, em busca de melhor acesso aos recursos.

Nesta migração, as questões indígenas das comunidades indígenas são limitadas, como a necessidade de mudar os próprios nomes para nomes não indígenas, a solicitação para que meninos e meninas cortem os cabelos de acordo com as regulamentações locais, a não consideração de locais de residência e dificuldades de transporte, escolas multisseriadas, entre outros. Esses acontecimentos afetam o direito à consolidação da identidade indígena, sendo uma das diversas formas institucionalizadas de discriminação e desvalorização da modernidade.

Embora no Panamá existam leis e estatutos administrativos que promovem o respeito, a conservação dos próprios costumes e instituições, a medicina tradicional, entre outros, há pouca divulgação e utilização deles para a proteção dos usos e costumes dos povos originários.

Quais as principais dificuldades de intervenção junto aos povos indígenas?

A realização de intervenções em saúde mental nestas comunidades é complexa, uma vez que as suas necessidades são principalmente básicas e concretas. Água, electricidade, limpeza, escolaridade, acesso a serviços de saúde e muito mais. Não há muito espaço mental para mais nada.

Isto significa que o apoio de que necessitam também é básico e concreto. Como analista minha forma de intervir foi principalmente com o corpo e com atos analíticos. Por exemplo, eu tive que me mudar de um lugar para outro (não esperar por eles e fazer com que eles viessem fisicamente até mim) e sentar ao lado deles (não na frente ou atrás, como costumo fazer em meu consultório particular). Contudo, esta não é a única coisa que desejavam ou eram capazes de receber.

Numa intervenção de orientação psicanalítica, com outro povo originário do Panamá (Mudarra, 2022), os Emberá, na qual atendi uma família que havia perdido um membro devido à queda de um raio; confirmei que eles também buscavam e valorizavam outras formas de interação, que também buscavam ser contidos, ouvidos, acompanhados e que alguém facilitasse a compreensão do que vivenciaram como luto comunitário.

A psicanálise, como ferramenta de aproximação à natureza e à dor humana, fornece recursos para sua mitigação. A presença e a escuta com respeito, de analistas dispostos a compreender sem mudar ou colonizar é o início da restituição amorosa que devemos a essas comunidades.

Mas como ouvir algo que não tem referência, algo tão novo que não existem bengalas ortopédicas que guiem a aproximação?

Trabalhar com os povos indígenas é aproximar-se de uma parcela da realidade desconhecida. Não existe palavra que possa ser associada a algo familiar.

A disposição à escuta deve ser diferente, até mesmo reforçada.

Segundo Vilanova (2004),

> *a escuta psicanalítica é uma noção central da psicanálise com a qual nos referimos à nossa atividade semiológica, ou seja, à compreensão que fazemos na sessão (...) da realidade psíquica do paciente com os* nossos recursos mentais, *articulada com o "fio" inconsciente que nos foi deixado à disposição desde a infância, processado por nossas teorias, análise e autoanálise (grifo meu).*

O instrumento de trabalho do psicanalista é, principalmente, sua mente psicanalisada, aquele suporte interno derivado do trabalho e da introspecção própria.

Para compreender os povos originários, é preciso suportar uma quantidade considerável de angústia, fazer o possível para reduzir a tendência de penetrar impulsivamente na mente do outro e procurar espaços para contemplar e manter o espaço mental o mais aberto e flexível possível, para que se desenvolva a relação entre nós (Mudarra, 2022).

Penso que essa escuta requer não apenas formação psicanalítica sobre as formas de captar as manifestações do inconsciente, mas também uma sensibilização na abordagem dos conteúdos não-verbais e de processos coletivos e socioculturais.

No contato com os indígenas, percebo que a experiência de observar bebês ajuda a registrar e compreender o mundo do outro, quando a linguagem verbal não é o dominante (Mudarra, 2023).

Tentar compreender os processos mentais de um bebê exige disposição, paciência, tolerância à incerteza, construção criativa de hipóteses especulativas e uma boa dose de empatia. São estas características que considero de especial relevância num psicanalista que trabalha na comunidade.

Para entrar no mundo dos povos indígenas, devo me perguntar quem sou, onde estou entrando, quem pode estar ali e como poderei interagir com eles. Muitas perguntas que não encontrarão respostas imediatas ou simples, preciso contemplar e apreciar. Assim como um observador de bebês (Mudarra, 2023).

Se começarmos a tornar visíveis, compreender e aceitar as diferenças, a riqueza da nutrição do que é diferente, sem tentar mudá-lo porque nos ameaça ou assusta, é possível que também sejam gerados espaços mentais de respeito e isso conduzirá a políticas públicas para a democratização dos direitos e deveres das pessoas, independente das suas características.

Referências

Comissão Econômica para a América Latina e o Caribe, Fundo para o Desenvolvimento dos Povos Indígenas da América Latina e do Caribe. (2020). *Os povos indígenas da América Latina - Abya Yala e a Agenda 2030 para o Desenvolvimento Sustentável: tensões e desafios desde uma perspectiva territorial*. Comissão Econômica para a América Latina e o Caribe. Disponível em: https://repositório. eclac.org/handle/11362/45664.

Freud, S. (2007) Totem e tabu. Algumas concordâncias na vida mental de selvagens e neuróticos. Vol. XIII. In *Obras Completas*. Amorrortu. (Trabalho original publicado em 1913).

Mudarra, N. (2022). Perspectiva psicanalítica em uma intervenção com povos originários do Panamá: transmitindo uma experiência. Material retirado do trabalho apresentado no *34º Congresso Latino-Americano da Federação Psicanalítica da América Latina (Fepal)*.

Mudarra, N. (2023). Escuta sustentada desde dentro: olhar psicanalítico sobre experiências de intervenção com povos originários do Panamá. PRELO.

Organização Pan-Americana da Saúde. (2023). *A situação sociodemográfica dos povos indígenas na América Latina e no Caribe. Análise no contexto do envelhecimento e da Covid-19*. OPAS. Disponível em: https://doi.org/10.37774/9789275326473 .

Parin, P. (1977). O microscópio da Psicanálise Comparada e da " Macrossociedade ". *Psicanalítico*, (46):709, 1-25. Disponível em https://pep-web.org/search?facets=&q=The%20Microscope%20of%20Comparative%20Psychoanálise%20and%20the%20%22Macrosociety.%22.

Senra, P. (2023). Que outras guerras existem agora no mundo (além de Gaza e Ucrânia) e quais são os efeitos colaterais delas atraindo menos atenção. *BBC*. Disponível em https://www.bbc.com/mundo/articles/cprpn7re7dxo.

Vannini de Gerulewicz, M. (2022). *O xamã dos Cunaguaros. Viaje pelo mundo indígena venezuelano*. 2ª edição, (pág. 37). Fundação Editorial O Cão e o Sapo.

Vilanova, R. (2004). Escuta psicanalítica, universo em expansão. *Revista de Psicanálise,* #43. Associação Psicanalítica de Madrid.

15. Abrindo fronteiras[1]

María Pía Costa Santolalla

A psicanálise comunitária se fundamenta na necessidade de integrar o social e o cultural, mais além de sua presença na vida individual e na troca transferencial, incorporando o externo como constitutivo do psiquismo. É uma resposta ao relativo confinamento da clínica clássica nos consultórios que exige repensar aspectos teóricos e técnicos especificamente orientados para considerar as problemáticas sociais e sua participação na constituição psíquica.

A vulnerabilidade é própria do ser humano, que nasce inacabado e incapaz de sustentar sua existência se não for graças a um outro ser que supre suas necessidades biológicas e assegura os processos de subjetivação que ocorrem na relação com o outro. Desde que o homem das cavernas entendeu que tinha que se juntar a seus vizinhos para a grande caça, até os dias de hoje, a solidariedade é prioridade na comunidade. Não se trata de um conceito filantrópico, mas de uma necessidade prática. Num mundo altamente socializado e globalizado, a solidariedade é essencial para manter o bem-estar comum.

Quando Margaret Mead foi consultada por um estudante sobre o primeiro sinal da civilização, ela surpreendeu ao não responder algo tão esperado como um anzol, um vaso ou uma ferramenta de pedra. Ela nos conta que o primeiro vestígio de civilização pode ser

1 Trabalho revisado a partir do texto "Um enquadramento teórico de proteção", apresentado no Congresso Fepal, 2022.

encontrado no primeiro fêmur curado. Esse osso quebrado e depois soldado pressupõe que houve uma cura. A cura nos faz pensar que, depois do acidente que provocou aquela lesão, a pessoa não foi abandonada à sua sorte, mas que alguém que a cuidou, permitiu sua imobilização, a alimentou e a protegeu de se tornar isca para os animais. A solidariedade é, então, o princípio da civilização. Novamente, não se trata apenas de um gesto de generosidade, mas de uma solução prática.

Gosto desta anedota porque revela a importância, para a civilização, de ter outras pessoas disponíveis para cuidar do vulnerável. É disso que se trata o trabalho terapêutico em geral e o trabalho comunitário em particular. Não posso deixar de relacioná-lo com o conceito de narcisismo terciário levantado por Mariam Alizade em Clínica da Morte, em 1995. O narcisismo terciário é produto de uma transformação que, a partir da aceitação da própria morte, nos torna capazes e dispostos a cuidar dos outros, especialmente daqueles distantes e desconhecidos. Essa transformação evoca um salto qualitativo que permite ao ego descentrar-se de si mesmo, ao mesmo tempo em que consegue domar as pulsões, com um consequente aumento da solidariedade, da responsabilidade e de um maior controle da destrutividade (Berlín, 2021). É, portanto, o narcisismo terciário o responsável pela abertura para o mundo e para o outro distante, desconhecido, mas que requer cuidado.

Essa qualidade terciária do narcisismo é a que sustenta todo o trabalho de cuidado do outro e, claro, é o suporte da nossa prática cotidiana e das práticas comunitárias em particular, que existem desde as fundações das diversas clínicas psicanalíticas gratuitas desde os primórdios da Psicanálise. O que é novo hoje é a consciência de que esse trabalho não se dirige apenas à comunidade, mas que também tem que ser realizado de forma comunitária e, fundamentalmente, de forma institucional. O trabalho comunitário envolve o analista em uma realidade dolorosa, deslocando-o, colocando-o no lugar de desamparo e de impotência, razão pela qual necessita de contenção e o indispensável apoio institucional. A instituição também facilita o acesso aos organismos estatais, o que amplia a abrangência dos programas assistenciais e facilita o encontro com as autoridades locais. Além disso, o envolvimento institucional promove trocas ricas entre seus membros e uma conscientização que se torna cada vez mais urgente.

É necessário ressaltar a abrangência que a psicanálise comunitária adquire na América Latina, continente em que as grandes maiorias estão submetidas a padrões de vida que expressam a urgência de enfrentar funções que os Estados não estão em condições de assegurar. Essa característica dá à disciplina um valor particular para enfrentar um desafio maior; e é uma realidade diferente das regiões europeia e norte-americana.

A especificidade do trabalho psicanalítico comunitário está em se centrar nos problemas derivados dos processos de exclusão social, característicos da fragmentação dos laços sociais que impactam na constituição da subjetividade e da intersubjetividade. Tudo isso produz um tipo de sofrimento que geralmente não se expressa como tal se não conta com dispositivos especialmente projetados para identificar esses problemas.

Contribuindo para a reflexão sobre esses dispositivos, parece-me fundamental explorar o vasto panorama da relação entre o interior e o exterior. A dialética interior/exterior ocupa a psicanálise desde seus primórdios, com diferentes acentos e pontos de vista. Mariam Alizade (Tanis & Khouri, 2009) novamente nos ilumina ao propor *uma nova série complementar* às clássicas propostas por Freud: uma série que inclui a cultura e seu impacto no psiquismo, não como um simples fator circunstancial, mas entrelaçando-a com a intimidade psíquica.

Proponho considerar dois conceitos para enriquecer a discussão: o êxtimo e o *factual*.

O conceito lacaniano de êxtimo da conta daquilo que, sendo profundamente interno, é consubstancial ao externo ao estar articulado com o outro. É uma formulação paradoxal em que interioridade e exterioridade estão em fluxo contínuo à maneira da faixa de Möebius. Assim, o êxtimo, ao mesmo tempo que dilui a familiar dicotomia de externo/interno, permite-nos conceitualizar uma conexão entre ambos os campos, uma articulação obrigatória que não se define como uma diferenciação nem como oposição entre o mundo interno e o mundo externo. Trata-se antes de um continente em que se conjugam ambos os espaços, que, no entanto, manteriam seu valor de interioridade e exterioridade. Este constitui-se como espaço privilegiado em que se desenrolam os processos de subjetivação, mas não como unicamente interno e próprio, mas como dual e mútuo, ainda que percebido como pessoal e único.

Em relação a*o factual,* Benyakar (2016) o define como aquilo que é externo ao psiquismo, mas, ao mesmo tempo, é um conceito duplo que inclui o factual interno (o corporal, o somático) e o factual externo (mundo exterior). Ao incluir o somático -fonte da pulsão- como factual, abre-se para uma nova perspectiva, onde o jogo não é entre o interior e o exterior, mas entre a influência de um fato que, ao irromper no psiquismo, é percebido como externo a ela. "Chegamos assim a uma *nova proposta de conceptualização da pulsão: uma forma de organizar o factual.* Essa proposta traduz um interesse que consideramos fundamental: promover para o centro das nossas considerações a dialética factual/psíquica, incluindo o externo e, em particular, o disruptivo" (ibid). O factual articula-se com a vivência interna, sem omitir o lugar da pulsão e o desejo, de tal forma que se conjugam e se indiferenciam, afastando-se assim, do paradigma freudiano em que a pulsão e o objeto mantêm uma relação causal que vai do interno para o externo.

Enquanto técnica, também é importante destacar as adaptações que o trabalho em comunidade exige. A escuta continua sendo a chave, mas exige uma flexibilidade, uma vez que muitas vezes exige uma participação um pouco mais ativa, basicamente em grupo, com um enfoque no enquadramento do analista, incorporando técnicas que enfatizam a arte, o jogo, o movimento e o corpo.

O cenário continua sendo o espaço central em que o processo se desenrola, mas não será necessariamente tal como o conhecemos. É preciso adaptar-se a uma variedade de espaços: às vezes na rua, uma sala de jantar comum ou uma sala de aula numa escola. Não será sempre o mesmo espaço em cada processo e é preciso estar abertos a irrupções de elementos tão variados como a presença de um cachorro, a intervenção de uma autoridade no meio de uma sessão ou a entrada e saída dos participantes por razões diversas, nem sempre expressas. Com a pandemia, o enquadramento virtual pôs nossa técnica à prova de maneira às vezes extrema; houve experiências em que cada membro do grupo estava em espaços tão diversos e pouco inadequados como um microônibus, a sala de espera de uma delegacia policial, um táxi no caminho para o aeroporto, telas fechadas, uma sala de casa com crianças brincando por perto... sendo o nexo do grupo a conexão de internet instável. Esta circunstância é muito difícil de superar e em alguns casos exigiu extrema tolerância por parte do/da analista. Para uma necessária compreensão das condições por vezes extremas dos participantes, é necessário, no entanto, incorporar o trabalho das resistências que se expressam a partir dessas dificuldades.

Por tudo isso, o enquadramento deve estar muito bem instalado na mente do analista para permitir a troca íntima em um continente que dificilmente poderíamos caracterizar como privilegiado. Certamente, nesses espaços a neurose de transferência não se desenvolve como acontece no divã. Mas é preciso estar atentos às diversas manifestações de transferência que costumam ser intensas e que devem ser levadas em consideração.

Embora existam experiências com longa trajetória, a maioria delas se trata de processos curtos, e, portanto, muito intensos, em que os conteúdos manifestos das situações, quando não são de emergência, são sempre urgentes. É preciso trabalhar a experiência disruptiva enfatizando seus aspectos sensoriais para se chegar, ao lidar com grupos, a uma narrativa coletiva do evento disruptivo. É por isso que as técnicas que incluem o corpo, o movimento e as expressões artísticas são de grande utilidade.

Os processos grupais são indicados em grande parte porque os eventos disruptivos que os convocam afetam toda a comunidade. Neles se expressam as consequências da desconfiança porque a trama do vínculo costuma estar danificada por frustrações endêmicas. Nesses casos, a desconfiança tira a confiança e a inveja se sobrepõe sobre a possibilidade de empatia. Será necessário facilitar o tratamento desses sentimentos.

A contratransferência merece um parágrafo separado. O trabalho psicanalítico comunitário muitas vezes obriga o psicanalista a se envolver com ambientes que não lhe são habituais, que conheça realidades que não são necessariamente próximas da sua experiência. E exige que os aborde com a mesma escuta livre e flutuante que torna mais fácil se livrar de preconceitos sobre a pobreza e a vulnerabilidade. Reconhecer o lugar dos psicanalistas no suposto saber -lugar que também é projetado pelos sujeitos atendidos- ante o reconhecimento de que representamos o poder econômico, político e cultural, nos permite refletir sobre como nos comportamos diante dessa posição, como enfrentá-la com honestidade e franqueza, pois negá-la obstrui o livre andamento dos processos. Torna-se central a necessidade de elaborar a culpa que experimentamos pelo lugar privilegiado que ocupamos e, também, a arrogância que por vezes nos acompanha e nos tenta a processar a exigência como urgência de agir.

É importante refletir sobre o trabalho do mundo interno quando as exigências do mundo externo são tão urgentes, e considerar o lugar que ocupamos nessa dinâmica, considerando o risco fundamental do assistencialismo. Isso não só perpetua o estigma da vulnerabilidade das populações atendidas, mas que obstrui a possibilidade de um cuidado livre e flutuante e desvirtua a essência da psicanálise, que é o foco na subjetividade das personas.

Por tudo isso, é preciso insistir na importância do enquadramento institucional que se torna um suporte para as equipes e serve de protetor da função analítica. O trabalho comunitário, dessa forma, é de responsabilidade do analista: ele também está inserido em uma rede comunitária. O conceito de redes é essencial, tanto para as populações atendidas, com as quais se deve tentar restaurar o tecido das redes dos vínculos fragmentados, como para os psicanalistas que, somente tralhando em rede, podem enfrentar a complexidade dos fenômenos com que terão que lidar.

Referências

Alizade, A. M. (1995). *Clínica con la muerte*. Amorrortu.

Benyakar, M. (2016). *Lo disruptivo y lo traumático: Abordajes posibles frente a situaciones de crisis individuales y colectivas*. Editado por E. Ramos; A. Taborda; C. Madeira. Nueva Editorial Universitaria, U.N.S.L.

Berlin, D. (2021). Más allá de la cura. Narcisismo terciario en la obra de Mariam Alizade. En Alkolombe, P., Cardó, G., Romano, A. (org.). *Mariam Alizade. Ideas centrales a la luz de la crisis actual.* Letra Viva..

Tanis B.; & Khouri M. G. (2009). *A Psicanalise Nas Tramas Da Cidade*. Casa do Psicólogo.

16. Realidade, verdade e ficção nos relacionamentos atuais

Gabriela Salazar Canelos

Hoje em dia, e ainda mais desde o início da pandemia, os vínculos foram muito afetados pelo uso da tecnologia.

Ela facilitou os encontros e salvou muitas vidas solitárias. Esses encontros são, às vezes, tingidos por qualificadores como "relacionamentos que não são reais", aproximações virtuais, enfatizando, em muitos casos, que se trata de um espaço de ficção, no qual os imaginários se desdobram e trazem situações que, em muitos casos, podem ser "realidades fictícias".

De acordo com o dicionário da Real Academia de la Lengua, virtual significa: "que tem a virtude de produzir um efeito, embora não o produza no presente, muitas vezes em oposição a efetivo ou real".

O significado da palavra realidade, por outro lado, refere-se ao oposto de ilusório ou fantástico. Sempre foi o caso, mas muito mais por meio do uso de plataformas, que a apresentação de uma faceta de si mesmo é mostrada, repetidamente descontextualizada, cortada.

O que é mostrado? Essa pergunta é tão singular quanto a existência de seres humanos.

Dependendo do que se quer mostrar e para quê, geram-se as próprias prisões e elas estão ancoradas em usos manuais fracassados, que tentam dar conta de como e de que maneira "aquilo" deve ser ensinado, com o qual queremos despertar seu interesse.

Que mensagem queremos passar? O uso das redes sociais aumentou uma apresentação específica de histeria ou narcisismo?

Rodulfo (2014):

> *A psicanálise lidou muito, mas sem compreendê-la plenamente, com a primeira tela que conhecemos: o lago no qual Narciso se olhava. Agora o virtual, a complexificação dos espelhos, oferece uma oportunidade privilegiada para apreender a essência do que veio a ser chamado de narcisismo, desvencilhando-se das perspectivas moralistas em que estava envolto (o vaidoso, o egoísta). O herói do mito é reduplicado pela comunicação à distância sem o apoio de um corpo de carne e osso.*

Penso, com relação a essas questões e reflexões, que a forma de se relacionar e trocar por meio das redes sociais causa um sofrimento particular, os imaginários são acionados, faltando corpo, voz, tonalidade, textura no diálogo, gera um possível sofrimento infinito, por causa da fertilidade do encontro com um terreno, no qual os fantasmas de cada Sujeito são acionados em relação aos imaginários que acionam os usos das redes sociais que mostram a mente controlada e exacerbada, a parte que podem e desejam mostrar. Isso gera no consumidor de imagens e na vida de outras pessoas uma relação contínua que, em muitos casos, se torna insuportável. "A liberdade do consumidor consumido", diz Jorge Alemán. Acredito que esse seja o risco do consumo indefinido e infinito, no qual certas relações virtuais podem cair mais facilmente, mas não todas.

A vida humana nasce dos encontros

No campo do Imaginário, como Lacan o descreve em relação ao estádio do espelho (um campo que está em relação com o eu), esse Sujeito que se move no registro do Imaginário, se apenas se movesse nele, estaria condenado e não teria saída.

O ego (moi) do qual Lacan falará é sempre uma estrutura imaginária, é o ego do narcisismo freudiano. A partir desses postulados, podemos concluir que o ego é um conjunto de imagens, é a primeira possibilidade de organização, enquanto o Sujeito é uma função do simbólico (razão pela qual há esperança de uma saída).

É por causa dessa condição do Imaginário que penso que tanto o eu virtual quanto o eu presencial continuam sendo uma espécie de ficção, se entendermos ficção como algo maleável, modificável, contraditório, que se transforma permanentemente. Isso nos vincula ao fato de que Essa ficção do Ego do campo imaginário é exacerbada no virtual? Talvez sim, mas na presença, o Ego também é frágil, fraco, e não será até que ele esteja ligado ao simbólico, que é algo que podemos aspirar tanto na tela quanto no corpo, que seremos capazes de encontrar uma maneira diferente de sair da prisão que é em si essa tremenda bagunça que é o Ego desde o momento em que começamos a viver.

Certamente, a vida humana surge de encontros. Agora, de que qualidade de encontros falaríamos para que essa vida que se conecta a outra seja mais leve e menos sofrida?

Em muitos casos, nós, humanos em tela, construímos relacionamentos que são nutridos pela virtualidade, e de forma alguma podemos dizer que não são relacionamentos "reais".

As relações e os vínculos estão impregnados de palavras, de sentimentos que os atravessam, de imagens, de cheiros que são evocados e de sons, entre muitos outros, embora isso possa parecer distante da falta de corpo, temos significantes, e as palavras nem sempre são levadas pelo vento, alguns olhares, risos, brincadeiras, sustentam, criam junto com uma disposição emocional, vínculos sólidos, tecidos importantes.

A tecnologia em si não é o problema, o uso que fazemos dos aplicativos é altamente variável e singular. Há whataspps cheios de emoção, risadas, flertes, proximidade, bem como discussões e até mesmo "bater de porta em porta" virtual.

Embora seja verdade que a tecnologia esgota e não substitui a presença física, ela implica uma troca de dois, como em qualquer encontro.

Virtualidade e psicanálise: uma analogia musical com liberdade limitada

Levando em consideração a virtualidade, a realidade da pandemia e a verdade por trás da psicanálise por meio de fibras ópticas, acho que, quando falamos sobre o método psicanalítico, concordo com muitos colegas que o que precisávamos para passar do divã para a tela com mais conforto era a confiança nele.

A técnica psicanalítica não está seguindo um manual de indicações sobre enquadramento e uma série de "não fazer". E se não se deve fazer isso ou aquilo, como eu entendo, quanto menos sólido for o enquadramento interno, maior será a necessidade de ser rígido (não rigoroso) com o enquadramento externo. Sobre esse ponto, as reflexões de Mariam Alizade sobre o enquadramento interno são interessantes.

Vou apresentar algumas analogias que me permitem pensar sobre a psicanálise virtual.

Alguns músicos profissionais, com alma de artistas, apaixonados por sua profissão, desde muito cedo, além de aprenderem teoria musical, composição musical, leitura de partituras, acompanhamento sob a orientação de um professor que os guia na interpretação, também improvisam. Eles criam, se dão liberdade diante do instrumento que tocam, se permitem ser livres e espontâneos.

Na minha opinião, alguns dos melhores músicos são aqueles que dominam suas partituras, seu instrumento, de tal forma que, como um bom músico de jazz, que é o aspecto mais livre da música, eles podem sentar-se ao piano e improvisar.

Todos nós sabemos que, para ser um músico de jazz, é preciso não apenas dominar o amplo espectro da música, mas não necessariamente tocar uma peça prodigiosa de música clássica, por exemplo, que pode ter todas as notas impecavelmente bem tocadas, mas que pode não ter aquela "alma" que só alguns conseguem, mas que, sem dúvida, é o que faz uma apresentação comover ou não o público.

Da mesma forma que o músico sólido e apaixonado consegue se soltar e improvisar dentro de certos limites harmônicos (devemos levar em conta que não existe a noção de liberdade total na improvisação, as leis harmônicas ainda estão presentes, não existe liberdade total), assim também um analista consegue tirar o melhor proveito do processo com um paciente, seja ele virtual ou presencial.

Um maestro lidera seu grupo, ele sabe com certeza que seu grupo de instrumentistas não tocará um concerto da mesma forma que outro, mas também sabe que essa orquestra em particular soa de uma forma sob sua batuta e não de outra. Isso tem muitos fatores em jogo, mas a alma, aquilo que não se pode dizer facilmente que é objetivo, concreto e "real", geralmente é um dos fatores mais influentes.

Por que há tanta diferença entre um maestro, um pianista de concerto e outro? Não se trata apenas de questões técnicas, mas da alma que se conecta com o outro. Há um "algo" que ultrapassa as palavras, que não se esgota no ritmo, é um "algo mais" que se constrói no meio desses dois espaços, é um espaço lúdico, experimental, intenso. Um músico é capaz de ler com sua extrema sensibilidade o que o maestro lhe transmite sobre a peça e o que ele deseja alcançar além das individualidades.

Esses exemplos, embora sejam aplicáveis à análise virtual e presencial, podem ser extrapolados para outras relações mediadas por usos tecnológicos de todos os tipos.

Retomo o critério de Rodulfo (2014):

> *O da tela, o digital, não se reduz a um avanço técnico entre tantos outros, já que a tela supõe um novo espaço no qual jogar e dispor as coisas da subjetividade, assim como em seu tempo o corpo da mãe ou a folha de papel. Um novo espaço para escrever nossa existência. Nele, parece que o aspecto verdadeiramente singular da experiência narcísica – o fato de dar origem à "própria vida das imagens", parafraseando Saussure – culmina em um grau e uma intensidade de realização sem precedentes.*

Simbolismos virtuais e o infinito

Eu me pergunto: a virtualidade pode ser um espaço de prazer ilimitado? As relações por meio de aplicativos, por não serem presenciais, são irreais, fictícias por não serem consideradas "reais-objetivas, verdadeiras"?

Acredito que nem sempre, que embora existam muitos problemas que são significativos para o infortúnio tecnológico, como palavras sem entonação, erros de escrita que descontextualizam as coisas, conversas que são repentinamente interrompidas e não têm palavras explicativas, deixando muitas ideias soltas que muitas vezes são negativas, elas também podem encontrar formas de apoio e integração.

Há o risco de um emoticon ter centenas de interpretações possíveis, a pessoa acaba não se adaptando ao uso de um, e surgem novos gestos virtuais. A virtualidade é rápida, não há tempo para se acomodar, se estabelecer, sedimentar. O peso do imediatismo e as mil faces imaginárias de Eros e Thanatos correm o risco de se transformar em sofrimento ilimitado.

Como nos humanizamos e nos construímos nas relações virtuais e reais?

A virtualidade e a realidade em meio a esse mundo cheio de ficção podem ter uma saída "real" ao encontrar espaços de interesse, de autenticidade. Lugares que permitam o constante devir de dois Sujeitos que se constroem em meio a um dois que é mais do que a soma das singularidades, isso é possível tanto nas relações face a face quanto nas relações mediadas por dispositivos tecnológicos.

Penso na realidade com características de espontaneidade e experiência compartilhada, tomo o pensamento de Byung-Chul Han em seu ensaio "A agonia de Eros", que retoma alguns dos pensamentos de Breton sobre a força universal de Eros: "Eros se manifesta como uma aspiração revolucionária por uma forma completamente diferente de vida e sociedade. Além disso, ele mantém a fidelidade ao que está por vir".

Quando nos referimos à verdade, ao autêntico, ao não ficcional, podemos pensar em como é poderoso e necessário ter sido amigo, amante (virtual-presencial-semipresencial, acrescento), para pensar de acordo com Byung-Chul, e que, em nosso campo, é indispensável para sustentar, entre outras, a tese de Umberto Eco de que "a criatividade crítica – o espírito crítico para analisar o que fazemos ou para inventar melhores maneiras de fazê-lo – é o único critério para medir a atividade intelectual".

Pensando como psicanalistas que trabalham em meio a um momento histórico em que faltam tecidos sociais, em que a violência crua dos Estados é desnudada diante da desigualdade de seus povos durante a pandemia e da impotência que todos sentimos, uma bela forma de não nos permitirmos ou permitirmos a desumanização nos vínculos, no ser e no estar, estaria ligada à ideia de que é possível, em solidariedade e interesse, construir algo juntos, seja virtual ou presencialmente. Podemos colorir esse "evento" (Badiou 2020) com companheirismo e proximidade, ele tem a "perspectiva de uma construção do mundo a partir do Dois do amor, de um mundo que não é mais meu ou do outro, mas o projeto, por meio de um singular "nós dois", de um mundo para todos".

Referências

Alizade, M. (2002). El rigor y el encuadre interno. *Revista Asociación Psicoanalítica Uruguaya.*

Badiou (2020). *La agonía del Eros.* Herder Editorial.

Diccionario de la Real Academia de la Lengua. https://dle.rae.es/.

HanByung, Chul (2020). *La agonía del Eros.* Herder Editorial.

Lacan, J. (2003). O estágio do espelho como um modelador da função do self conforme ele se revela a nós na experiência psicanalítica. In *Escritos 1 e 2.* Siglo XXI.

Lacan, J. (2003). La agresividad en psicoanálisis. In *Escritos 1 y 2.* Siglo XXI.

Rodulfo, R. (2014). *Los lugares donde se trama la subjetivación.* Andaimes da psicanálise. Paidós.

17. Entre as grades e o divã: coordenadas para uma possível saída

Liliana Amarilla

> *"Os antigos gregos diziam que o erro era uma flecha que não havia acertado no alvo. Como na psicanálise não há nenhum alvo certo, corresponde advertir o que é que acertou essa flecha errada. Assim vamos nos aproximando à verdade, pois quem nesse caminho despreza o possível erro obstrui o acesso ao certo".*
>
> Fernando Ulloa (2011, p. 37)

Escrever sobre a experiência de trabalho nas prisões é um exercício que abriria muitas linhas de reflexão. Neste trabalho, levarei em consideração alguns aspectos que dizem respeito fundamentalmente aos questionamentos que repercutem ao redor do posicionamento ético e do desejo do analista nestas margens.

Entre as considerações que frequentemente giram ao redor de como continuar mantendo a minha presença no cárcere (lugar onde trabalho há mais de 20 anos), posso lançar algumas perguntas: o que estaria dentro e o que estaria fora do cenário de encontro com àquela que chamamos PPI (pessoa privada de liberdade)? Como pensar a demanda da escuta, desde uma posição ética já que, do lado do detido, esta demanda parece diluir-se e reaparecer sem espaço nem tempo, se o vemos desde do que entendemos por enquadramento clássico?

Desde que comecei a formação foram aparecendo algumas respostas entre as quais se encontra o que Marcelo Viñar (2002, p. 32) propõe: "*A atitude do analista é o pivô que articula o enquadramento, as regras do dispositivo são medidas acessórias para favorecer a emergência de um diálogo analítico. Não se pode trocar o fundo pela forma*".

Respostas que favorecem o desejo de continuar na procura de conceptualizações e desenvolvimentos teórico-clínicos que validem metasipcologicamente as possibilidades de intervenção neste território que parece pouco fértil, se não se contar com as ferramentas necessárias.

Sair do silenciamento para o laço da palavra

Ao dar testemunho acho que foi se abrindo a possibilidade de sair do mutismo e ir ao advir de um processo dialético em que reconheço dois participantes.

Por um lado, faz-se presente o discurso e o relato das resenhas biográficas daquele a quem vou me referir como Francisco e, por outra parte, do meu lado, a abertura para narrar material que não se circunscreve ao consultório particular, encontrando um eco a este pensamento nas palavras de Bleger (1985, p. 105): "*Sustento que, no campo científico, o que decide a validez de um instrumento não é a filiação da ideologia que implica, senão a sua correta localização no processo dialético dos fenômenos*".

Também nas de Foucault (2002, p. 55):

> *Entretanto, se a linguagem não se assemelhar imediatamente às coisas que nomeia, não está por isso separada do mundo; continua sendo, de uma ou outra forma, o lugar das revelações e continua sendo parte do espaço em que a verdade se manifesta e se enuncia ao mesmo tempo. É*

> *verdade que não é a natureza na sua visibilidade original, mas tampouco é um instrumento misterioso cujos poderes sejam conhecidos apenas por alguns privilegiados.*

Fazer parte dos privilegiados, e possuir alguns destes misteriosos poderes que a palavra tem, que neste caso que vou lhes contar e que até esse momento só podia assumir sonoridade em um esforço por soletrar letras, oferecia-me a possibilidade de que sejamos dois os autores que pudéssemos contar sobre os efeitos transformadores, depois de compartilharmos esta experiência. Ele surpreendido diante do achado e do descobrimento de poder começar a contar sobre a sua situação na penitenciária e eu retirando o véu da opacidade destas narrativas que geralmente não eram mencionadas entre as clássicas "vinhetas" clínicas.

Ao situar as apresentações da população carcerária, geralmente observamos desde uma noção psicopatologizante os que se poderiam denominar *a prior* como quadros psicóticos, perversos e neuróticos. Embora ajustando a lente, o que se pode ver é, em sua maioria, pessoas com escassa ou nula alfabetização, vivências de desamparo primário e condições de vulnerabilidade psicossocial desde as origens.

Como lembra Braunstein (1995), etimologicamente, "*reo* viene de *reor*, é contar. O réu é quem tem que contar o seu ato". Escolhi contar sobre uma circunstância pessoal que adquiriu, *après-coup*, um significado particular e que me permitiu ir ao encontro, ao desvelamento desde uma posição que fui descobrindo e continuo pensando como propícia, no acesso e transmissão de experiências nas práticas "extramuros", de acordo com Bleichmar (2012).

Ao iniciar a formação na APA, fui convidada a fazer parte da Subcomissão da Secretaria Científica chamada "Psicanalistas no território", que depois se constituiu em um dos seminários que são ministrados e fazem parte da grade curricular oficial. Esta subcomissão é integrada por um grupo de analistas provenientes de diferentes âmbitos do exercício da psicanálise, com uma vasta trajetória na atividade e especialização em diferentes territórios, cujo objetivo comum é ampliar as margens de visibilização e reconhecimento das práticas da psicanálise em extensão. Aparecendo assim a oportunidade para dar a conhecer e pensar com outros os aspectos que estão em jogo nestas práticas, que poderiam ser catalogadas de "marginais", à margem da palavra... à margem dos recursos simbólicos.

Vou me referir a uma série de entrevistas "de acompanhamento" (que são instâncias que acompanham os prazos judiciais da progressividade da pena) com um homem que estava condenado por homicídio. O fato transgressor se originou no contexto de um conflito em um bairro por causa da usurpação de terrenos, onde intervieram várias pessoas que acabaram feridas e uma delas faleceu após ficar um tempo internada no hospital.

O motivo das convocações era dar resposta (através da confecção do que se conhece como um relatório psicológico) a um ofício oriundo do fórum que solicitava, nesta ocasião, a avaliação para a mudança ao um regime aberto, o que significa que o preso passaria de estar alojado em regime fechado a um mais amplo, com maior grau de autogestão e autonomia desde as medidas de controles de segurança.

À medida que foram transcorrendo as entrevistas e após vários meses, ele começa a narrar aspectos alusivos à sua atual situação familiar, as dificuldades econômicas que atravessavam e os diferentes conflitos filiatórios que o afligiam. Chegando a ponto de manifestar porque não estava recebendo visitas, sendo este um dado importante que é colocado nos relatórios dirigidos ao juiz, dado que permite, de alguma maneira, projetar como se desenvolverá o seu futuro retorno ao meio sócio comunitário. Ele deixa entrever uma grande preocupação de não saber o que dizer aos seus filhos, quando perguntavam por telefone por que eles não podiam ir vê-lo, por que ele não podia voltar para casa. Já que junto com a sua mulher haviam decidido que as crianças não entrariam aos estabelecimentos penitenciários, porque não queriam que soubessem o motivo que determinou a sua situação de confinamento (no qual permanecia há vário anos).

Mediante uma postura introvertida e certa desconfiança, conta que primeiro pensou em dizer aos seus filhos que estava trabalhando com um tio que vive no Norte da Argentina, depois que apareceu uma oportunidade de trabalho em outra cidade, longe de onde moravam. Até que me olha e murmura: *"Já não sei o que, acho que se dão conta... ou pode ser que eu fico nervoso com esse tema"*.

Pergunto se ele não acha que seria melhor poder transmitir-lhes algo da verdade sobre o motivo que o levou a estar privado da sua liberdade. Fica angustiado e me diz que não poderia... tem medo, sente vergonha. Está arrependido por ter reagido dessa maneira... nesse momento... nunca imaginou que isso terminaria tão mal. *"E a senhora, o que acha que eu poderia lhes dizer?* ", me interpela. Mantendo-me distanciada de aconselhar, de dar algum apoio ou emitir uma opinião sobre a ação punível, respondo-lhe que talvez pudéssemos pensar juntos uma maneira de encontrar uma via que seja possível, contando-lhes sobre a sua situação. Diante do qual manifesta que quer escrever uma carta, colocando à prova as ferramentas de lecto-escrita que vem adquirindo no marco do cumprimento da condenação. Era a primeira vez que escrevia, sentia-se inseguro, vacilava sobre o que contar, que palavras usar. Decidiu descrever sobre a rotina que leva adiante cotidianamente, fazendo alusão que estava muito entusiasmado com tudo aquilo que está aprendendo na escola, não apenas ler e escrever, senão que, além disso, estava aprendendo a dividir e multiplicar, coisa que lhe parecia impossível de imaginar que conseguiria. Finalmente, e depois de falar com as professoras que o orientaram na confecção da carta, a envia a sua família.

Após algumas semanas, Francisco se aproxima do meu escritório com um envelope nas mãos e diz que é para mim. Na frente, com diferentes cores e caligrafia, estava escrito o meu nome. Quando abro, encontro quatro desenhos em que apareciam estradas, árvores, telefones e aviões... diz que os seus filhos enviaram para mim. Ele contou que estava falando com uma psicóloga, que tinha muito para falar para eles, que estava trabalhando, indo ao colégio dentro da prisão e que contava os dias para poder voltar a vê-los. Que havia algo que tinham que saber, mas que ainda eram pequenos e que ia ter tempo para contar-lhes.

Palavras que liberam

Na minha experiência psicanalítica sair da silenciosidade e fazer um laço com a palavra é uma oportunidade que permite localizar qual é o lugar da escuta dentro do território carcerário, tentando devolver um valor àquilo que ficou coagulado sobre o significado do impensado. Através da convicção nas possibilidades do método, mediando a abstinência e apoiada nos conhecimentos oferecidos pelos espaços de estudo proporcionados pela formação, continuo apostando para que circulem os efeitos de uma inscrição simbólica no sistema familiar. E que sejam criados outros efeitos sobre a subjetivação do outro, a quem lhe falhou o seu próprio sistema de interdição interior.

Como Marta Gerez Ambertín afirma:

> *[...]é tarefa da psicanálise: dar conta de como se subjetiviza o proibido e quais são as causas que levam os homens a se precipitarem nesse cone de sombras do ilícito. Cone de sombras intimamente ligado ao amor, à culpa e ao Icc (Gerez, 2012, p. 34).*

Esta experiência com o Francisco (que pouco tempo depois saiu em liberdade) e a sua família dá conta do movimento de uma palavra simbólica que circula nele e nos filhos. Dar lugar para que a lei, via laço social, produza algum entrelaçamento e que a palavra do pai circule de outra forma, em termos de transmissão de limites e inscrição da lei a seus filhos na dupla acepção psicanalítica e jurídica.

Muitos dos questionamentos iniciais ficam abertos e são precisamente os que incentivam à pulsão epistemofílica ao enfrentar cada novo desafio que a instituição carcerária gera. Reconhecendo os obstáculos e a complexidade das práxis nesses dispositivos, é necessário *imprescindível e necessário* que possam ser oferecidos nas instituições psicanalíticas mais seminários que atendam à especificidade destas temáticas. Já que dessa forma se dá lugar à autorização dos analistas, em termos de função analítica, reconhecendo tudo o que ainda falta percorrer, e sem desconhecer o legado dos pioneiros e dos autores contemporâneos que refletem sobre a particularidade destas problemáticas, desejando que, num futuro não muito distante, sejam habilitadas também as supervisões reconhecidas pelos institutos como didáticas para continuar formalizando e expandindo a legitimidade da psicanálise que vai mais além do divã.

Já que através do apoio oferecido pela análise pessoal, participar de variados seminários e da supervisão, pode ir entrando em contato, de outro modo, talvez superando meus próprios preconceitos, configurando que características assume o campo de possíveis intervenções, além dos muros tangíveis que delimitam o âmbito carcerário.

Referências

Bleger, J. (1985). *Psicología de la conducta*. Paidós.

Bleichmar, S. (2010). *Psicoanálisis extramuros. Puesta a prueba frente a lo traumático*. Entreideas.

Braunstein, N. (1995). La culpa en derecho y en el psicoanálisis. *Revista El Psicoanálisis en el Siglo*, Nº 3/4, 73-82.

Foucault, M. (2002). *Las palabras y las cosas*. Siglo XXI.

Gerez Ambertín, M. (2012). *Culpa, responsabilidad y castigo en el discurso jurídico y psicoanalítico*. Letra Viva.

Viñar, M. (2002). Sobre encuadre y proceso analítico en la actualidad. *Revista Uruguaya de Psicoanálisis 2002; 96: 31-36.*

Ulloa, F. (2011). *Salud ele-Mental. Con toda la mar detrás*. Edições Del Zorzal.